A GUARDA COMPARTILHADA COMO UMA RESPOSTA EFICAZ À ALIENAÇÃO PARENTAL: UMA VISÃO MULTIDISCIPLINAR

CRIS MANFRO E CRISTINA TERNES DIETER

A GUARDA COMPARTILHADA COMO UMA RESPOSTA EFICAZ À ALIENAÇÃO PARENTAL: UMA VISÃO MULTIDISCIPLINAR

CRIS MANFRO E CRISTINA TERNES DIETER

Artesã

A guarda compartilhada como uma resposta
eficaz à alienação parental: uma visão multidisciplinar

2ª edição revisada e ampliada

DIRETOR
Alcebino Santana

COORDENAÇÃO EDITORIAL
Michelle Guimarães El Aouar

REVISÃO
Valéria Koch Barbosa

CAPA
Karol Oliveira

PROJETO GRÁFICO
Conrado Esteves

DIAGRAMAÇÃO
Virgínia Loureiro

M276 Manfro, Cris.
A guarda compartilhada como uma resposta eficaz à alienação parental : uma visão multidisciplinar / Cris Manfro, Cristina Ternes Dieter. 2. ed. – Belo Horizonte : . Artesã, 2023.

140 p. ; 23 cm

ISBN: 978-85-7074-086-1

1. Direito. 2. Psicologia. 3. Guarda compartilhada. 4. Síndrome da alienação parental. I. Dieter, Cristina Ternes. II. Título.

CDU 34:159.9

Catalogação: Aline M. Sima CRB-6/2645

IMPRESSO NO BRASIL
Printed in Brazil

(31)2511-2040 (31)99403-2227
www.artesaeditora.com.br
Rua Rio Pomba 455, Carlos Prates - Cep: 30720-290 | Belo Horizonte - MG
/artesaeditora

sumário

PREFÁCIO 7

01 APRESENTAÇÃO 9

02 SÍNDROME DA ALIENAÇÃO PARENTAL 15

2.1 Quem foi Gardner e o que é a SAP (Síndrome da Alienação Parental) 15

2.2 O cenário em que a SAP se desenvolve 16

2.2.1 Conduta e Perfil do Genitor Alienador 33

2.2.2 Sinais da Alienação Parental 40

2.3 Diagnóstico da SAP segundo Gardner 41

2.3.1 Níveis da Manifestação da SAP 42

2.3.2 As Consequências da SAP 43

2.4 Quanto à punição ao genitor alienador 44

2.5 A crítica a Gardner 46

2.6 Uma reflexão prática sobre a Lei nº 12.318/2010 antes da entrada em vigor da Lei nº 14.340/2022 49

2.7 Alterações na Lei da Alienação Parental com a entrada em vigor da Lei nº 14.340/2022 de 18 de maio de 2022 75

03 GUARDA COMPARTILHADA 79

3.1 A guarda dos filhos menores 79

3.2 Critérios de determinação da guarda 82

3.2.1 O Interesse do Menor 83

3.2.2 Idade e Sexo 85

3.2.3 A Relação com os Irmãos 86

3.2.4 A Opinião do Menor 86

3.2.5 Comportamento dos Pais ... 87
3.2.6 Situando os Filhos Quanto à Guarda e à Parentalidade ... 88
3.3 O fim da vida conjugal: a problemática estipulação da guarda ... 92
3.4 O surgimento da guarda compartilhada ... 94
3.5. Lei nº 11.698/2008 ... 95
3.6 Comentários à Lei nº 11.698/2008 ... 97
3.7 O modelo de guarda compartilhada ... 100
3.7.1 Guarda Alternada como Espécie Unilateral ... 103
3.7.2 Guarda Alternada como Espécie da Compartilhada ... 104
3.8 Alimentos ... 107
3.9 A aplicação da guarda compartilhada em casos de litígio ... 108
3.10 Equipe interdisciplinar ... 111
3.11 A lei nº 13.058/2014 ... 113

04 CONCLUSÃO ... 119

REFERÊNCIAS ... 129

AS AUTORAS ... 136

Prefácio

Como não se sentir gratificado quando duas escritoras do expoente de CRISTINA TERNES DIETER, mestre em Direito Público, palestrante e professora universitária no Curso de Direito da Universidade FEEVALE, nas disciplinas de Direito de Família e de Estágio Supervisionado, advogada atuante, e MARIA CRISTINA MANFRO, psicóloga, terapeuta de família, mediadora familiar, colunista, consultora empresarial e palestrante, ambas com rica e profícua experiência profissional, decidiram unir seus talentos literários, suas experiências profissionais, seus esforços e conhecimentos para, em conjunto, escreverem sobre a *Guarda compartilhada como uma resposta eficaz à síndrome da alienação parental*, uma das temáticas mais ricas e desafiadoras do moderno Direito de Família e da Psicologia quando, justamente, ambas reptam esta difícil tarefa doutrinária. Desafiam as autoras os meandros da guarda conjunta e da alienação parental, guarda compartilhada que se tornou um movimento mundial em prol da custódia conjunta de filhos de pais separados, que reivindicam o direito paritário ao equilibrado exercício do poder familiar, em constante provocação ao forte dogma da guarda materna e unilateral. A custódia compartida se bifurca em guarda *física* de divisão igualitária do tempo de permanência com os filhos e guarda *jurídica,* como resposta prática ao efetivo exercício do poder familiar que genitor algum deveria perder por obra singela da separação dos pais. Mas esta perda involuntária do direito que todo o genitor tem de responder pela educação, formação e sadio crescimento de sua prole, era em tempos idos e mal informados, uma decorrência instantânea desta nefasta guarda materna exclusiva, que outorga poder absoluta à mãe, quando eleita guardiã com prioridade com exclusividade, concedendo ao outro genitor um singelo e restrito direito de visitas, prática que vinha se constituindo em um lamentável instrumento à serviço da igualmente abjeta *alienação parental*, dado que a convivência mínima do progenitor visitante com seus filhos sob os cuidados de um ascendente alienador, servia aos exatos propósitos de todo alienador parental que se utiliza do tempo maior de permanência com a prole, e que se prevalece da perda de autoridade parental do genitor não custodiante, para assim desqualificá-lo perante os filhos ou para desautorizá-lo como progenitor. É fato a ser amplamente festejado na comunidade jurídica, e igualmente no campo dos estudos da ciência da psicologia, o lançamento deste excelente livro que as autoras Cristina e Maria Cristina trouxeram à lume, minuciando o estudo do combate efetivo à alienação parental através do compartilhamento da guarda. O exame aprofundado destes dois grandes temas, guarda compartilhada e alienação parental, são preocupações que povoam e inquietam pais e famílias, operadores do direito e da psicologia, médicos psiquiatras, assistentes sociais, penalistas e a sociedade em geral, onde todos se ocupam com o enfrentamento à criminosa prática da alienação parental, e na esteira dela também as falsas memórias, encontrando no compartilhamento da guarda física e jurídica um instrumento realmente eficaz para minorar, senão erradicar os terríveis resultados surgidos da insidiosa alienação parental.

Embrenhar-se no estudo dos meandros da alienação parental e na difícil empreitada em que se constitui compreender e combater esta verdadeira chaga humana, foi a ocupação a que se propuseram enfrentar com maestria as autora Cristina Ternes Dieter e Maria Cristina Manfro, demonstrando o cenário no qual se desenvolve a alienação parental, com seus sinais e alertas, e pesquisando a conduta e o perfil do alienador, para ingressarem nas consequências da alienação e nas formas de punição do alienador, mas, enxergando na prática da guarda compartilhada, uma vez observados os seus pressupostos de atenção aos prioritários interesses da prole, um modelo diligente de duelo à alienação em situações de litígio dos pais.

A família brasileira está em festa e regozijo pelo dignificante trabalho literário das autoras Cristina Ternes Dieter e Maria Cristina Manfro, que a todos presenteiam com este livro onde abordam com singular sucesso estes dois grandiosos tópicos acerca da guarda compartilhada como resposta eficaz à alienação parental.

Para tanto, valeram-se de uma linguagem simples e direta, abordaram todos os pontos próprios e pertinentes ao conhecimento de leigos, juristas, psicólogos e demais áreas afins, brindando a sociedade com este livro e a mim pelo honroso convite de prefaciar sua primeira edição.

Porto Alegre, 1° semestre de 2018.

Rolf Madaleno

01 APRESENTAÇÃO

Com as transformações ocorridas a partir da segunda metade do século XX, a mulher, ao ingressar no mercado de trabalho, resultou sobrecarregada com a tripla jornada (filhos→casa→trabalho).

Existe ainda uma cultura formada, mas em modificação, na qual cuidar é tido como tarefa natural da mulher, ao passo que a tarefa do homem é prover. Pesa o estereótipo de que as mulheres têm mais jeito para com os filhos e para cuidar, isso, muitas vezes, reforçado pelas próprias mulheres em situações nas quais a criança requisita cuidados, e a mãe, imediatamente, afirma: "Dê a criança para eu cuidar, porque mãe é mãe, e pai não sabe cuidar".

> Em contrapartida, o homem tem o estereótipo de poder e dever prover e de que a mulher não é capaz, ou se é, desde que não deixe intervir nas tarefas e cuidados domésticos. Logo muito desse preconceito também é reforçado pelas mulheres, na tentativa de dizer: em alguma coisa somos melhores que vocês homens.[1]

Diante desse acúmulo de tarefas e compromissos, a forma unilateral de exercer as responsabilidades referentes aos filhos começou a ruir, uma vez que a mulher passou a dividir com o genitor o exercício das responsabilidades oriundas do poder familiar. O genitor, por sua vez, também se propôs a participar mais da vida dos filhos, não se contentando com o papel de coadjuvante na formação deles ou com o papel de mero provedor. Muitos homens usam o termo ser "caixa eletrônico" em uma alusão ao papel de ser unicamente provedor e não poder participar dos cuidados e ter maior convívio com a criança. Quando uma mulher passa

1 MANFRO, Cristina M. Mulher. **Do rosa bebê ao rosa choque**. Qual é o seu tom? Porto Alegre: Alcance, 2009. p. 49.

a imagem de que ela pode tudo e que, como mãe, faz tudo, nota-se uma boa maneira de desprezar e de reprimir o homem.[2]

O que se sabe e se vê na atualidade é que não existe tarefa de homem e tarefa de mulher. Independente do gênero dos pais, as crianças podem ser cuidadas, protegidas e providas.

Assim, perante o estabelecimento da igualdade entre o homem e a mulher, no tocante à prole, principia-se a cogitar um modelo de guarda em que o exercício do poder familiar é realizado de maneira compartilhada, em que a autoridade parental se concentra em ambos os genitores, evitando, assim, a Síndrome da Alienação Parental (SAP). A desigualdade entre homem e mulher pode ser comum, mas não é natural. Nas palavras de Leila Maria Torraca de Brito,

> A designação de visitante contribui com a imagem de pai ausente, dificultando o exercício da função, favorecendo a deterioração do vínculo emocional, retirando a palavra do pai e reafirmando o conceito de que só um, geralmente a mãe, é importante e suficiente para propiciar o desenvolvimento e a educação dos infantes.[3]

A temática acerca da Síndrome da Alienação Parental (SAP) é um dos assuntos do Direito das Famílias sobre o qual se deve refletir de maneira interdisciplinar. Em outros termos, nos conflitos familiares, sempre há, de alguma forma, discordância, que pode ser em relação a objetivos, regras, papéis, cultura e padrões de comunicação. Esses conflitos, ao chegarem às Varas de Família, devem ser resolvidos não apenas por meio da incidência da lei, mas também pela junção de conhecimento dos profissionais de Direito, Psicologia, Serviço Social e Psiquiatria. O enfoque precisa ser biopsicossocial, e não apenas por intermédio da lei, em um enfoque jurídico. Essa junção ou até mesmo esse encontro de conhecimento das referidas áreas, vindo a intervir nas famílias, busca garantir o direito de todos como membros de uma família, e não simplesmente apresentar avaliações contendo dados que levem à punição. É

[2] MANFRO, Cristina M. Mulher. **Do rosa bebê ao rosa choque**. Qual é o seu tom? Porto Alegre: Alcance, 2009. p. 49.

[3] BRITO, Leila Maria Torraca de. Impasses na condição da guarda e da visitação: o palco da discórdia. In: CONGRESSO BRASILEIRO DE DIREITO DE FAMÍLIA, 3., 2001, Ouro Preto. **Anais...** Ouro Preto, out. 2001. p. 9.

necessária uma visão que reduza o potencial da violência e incremente a justiça com interações mais assertivas.

Na grande maioria das vezes, o conflito se faz presente muito mais pela forma de interpretação dos membros da família a respeito das situações do que pelas situações perturbadoras em si. Quanto mais desregulado emocionalmente um casal ou ex-casal estiver, mais terá erros de percepção e de cognição. Um cérebro impregnado de raiva não pensa. Dessa forma, mais dificuldade terá na comunicação. É difícil, nessas situações, adultos conversarem sem gritar, ou falam com ironias e palavreados nada adequados para pais.

A desregulação emocional é a inabilidade de lidar com as experiências ou processar as informações. Manifesta-se com intensificação excessiva ou desativação excessiva das emoções. Nossas emoções e motivações criam distorções e desvios em nossa atenção, os quais normalmente nem percebemos.[4]

Essa desregulação emocional incita as brigas de casal, que são incrementadas pelos estilos problemáticos de enfrentamento e de resolução de conflitos e, com o tempo, criam hábitos disfuncionais.[5] Nessas circunstâncias, a raiva e as tristezas acabam impedindo o bom senso e dificultando a lucidez. A raiva deixa todos em posição de ataque, já que qualquer movimento do outro é também sentido como ameaçador e como ataque. Com as pessoas cada vez mais intransigentes, rígidas e decididas a duelar, iniciam-se, nessas circunstâncias, muitas disputas. As brigas começam a acontecer nas situações e por coisas muito mesquinhas. Em caso de separação, é nesse cenário de raiva, disputas e busca de lealdades que surge o terreno fértil para a Alienação Parental. Assim, movida pela ansiedade e pela raiva, a pessoa vê tudo ao seu redor como algo ameaçador e como ataque, o que dificulta muito a comunicação, logo, o comportamento utilizado passa ser a retaliação.

4 MANFRO, M. C. F. **O impacto da desregularão emocional nos relacionamentos**. 2013. Monografia (Especialização em Terapia Cognitivo Comportamental) – Infapa, Porto Alegre, 2013. p. 14.

5 MANFRO, M. C. F. O impacto da desregulação emocional no casal. In: CONGRESSO BRASILEIRO DE TERAPIA FAMILIAR, 12., 2016, Gramado, **Anais...**, Gramado, 2016.

Nesse sentido, passa-se analisar a chamada Síndrome da Alienação Parental, que surgiu por intermédio dos estudos empreendidos pelo psiquiatra norte-americano Richard Gardner.

A separação conjugal ou a extinção do vínculo conjugal, bem como a disputa pela guarda dos filhos, tem sido associada a um distúrbio, que recebeu o nome de Síndrome da Alienação Parental (SAP). Nesse contexto, verifica-se uma difusão da SAP no mundo inteiro; inclusive, em 2007, na Espanha, foi criada uma associação de vítimas da SAP. Entretanto, embora no Brasil exista um apelo bastante significativo por parte das associações de pais separados em difundir a síndrome, deve-se ressaltar que ainda não há registros de estudos científicos que lhe sejam relacionados. Apesar de ainda não existirem dados científicos, foi aprovada a Lei nº 12.328/10, que trata justamente da Alienação Parental.

A guarda compartilhada – que viabiliza uma convivência maior com ambos os genitores – passa a ser vista como um meio eficaz de combate à alienação parental. Desse modo, antes de adentrar-se na guarda compartilhada, faz-se oportuna uma análise sobre a Síndrome da Alienação Parental. Assim, em um primeiro momento, será analisado o surgimento da SAP, o cenário em que se desenvolve, bem como o seu diagnóstico e as suas consequências. Na segunda etapa do estudo, serão abordados o conceito de guarda e os critérios de sua determinação, para que, então, seja possível a realização de uma reflexão sobre a Lei nº 11.698/08.

O cerne deste trabalho, além de buscar contribuir para o conhecimento acerca desse assunto tão presente em nossas vidas, visa à conscientização de que a guarda compartilhada, quando bem aplicada, trata-se da modalidade mais eficaz de combate à alienação parental. Logo, fala-se em "bem aplicada", pois, apesar da sua entrada em vigor em 2008, ainda contamos com operadores do Direito, incluindo aqui advogados e magistrados, aplicando a guarda compartilhada como se fosse guarda alternada, modelo este não existente no nosso ordenamento jurídico.

Dito de outra forma, esta pesquisa tem a finalidade de chamar a atenção dos profissionais atuantes nas Varas de Família de que é necessária uma conscientização de que, quando o assunto é família, Direito e Psicologia devem caminhar de mãos dadas, pois somente com a contribuição da equipe interdisciplinar é possível contribuir para que o magistrado possa chegar o mais próximo possível de uma decisão justa, que preservará o melhor interesse da criança.

Há de se reconhecer a imprescindibilidade de o Poder Judiciário deixar de ver como normal a mínima conduta de alienação diante da ruptura conjugal, pois, por mais inofensiva que possa parecer uma "simples" desqualificação da pessoa do outro genitor, essa conduta poderá evoluir, gerando consequências nefastas para a relação pai-filho. É como um câncer que deve ser eliminado logo na fase inicial, sob o risco de levar à morte. Nesse contexto, pode-se ter a certeza de que a alienação parental, quando não extinta na fase inicial, também poderá levar à morte, a morte dos laços afetivos entre o genitor alienado e seus filhos, sendo que pior do que a morte física é a morte do sentimento. Assim, ressalta-se que o estudo não apresenta apenas a preocupação quanto às questões práticas e jurídicas, mas também se considera a saúde emocional e psicológica da criança.

02 SÍNDROME DA ALIENAÇÃO PARENTAL

2.1 Quem foi Gardner e o que é a SAP (Síndrome da Alienação Parental)

Em 1980, Gardner – professor de psiquiatria infantil na Universidade de Columbia (EUA), falecido em 2003, – tornou-se conhecido por trazer à tona a SAP. Ele a definiu como um distúrbio infantil, identificado, principalmente, em crianças cujos pais se encontravam em litígio conjugal, isto é, tais crianças estavam expostas a disputas judiciais.[6] No decorrer da década de 70, Gardner dedicou-se à psiquiatria forense, fazendo avaliações em crianças e famílias que enfrentavam o divórcio. Nessa situação, a síndrome seria desencadeada por um dos genitores, o alienador, que induziria a criança ou o adolescente a odiar o outro genitor, sem justificativa e com a contribuição da criança, que passaria a desmoralizar o genitor visitante.[7]

A partir dos anos de 1980, observou-se o crescimento do número de crianças que apresentavam rejeição e hostilidade a um dos pais, antes querido. A figura do alienador está atrelada ao guardião, ou seja, àquela pessoa a qual detém a guarda, que, por sua vez, geralmente, é a mãe. Em casos mais acentuados da SAP, o alienador apresenta distúrbios e transtornos de personalidade.

Muitos autores, como Douglas Darnall[8], preferem utilizar o termo *alienação parental*, e não *síndrome da alienação parental*, pois sustentam que

6 SOUSA, Analicia Martins de. **Síndrome da alienação parental**: um novo tema nos juízos de família. São Paulo: Cortez, 2010. p. 98.

7 TRINDADE, Jorge. **Manual de psicologia jurídica para operadores do Direito**. 2. ed. Porto Alegre: Livraria do Advogado, 2007. p. 282.

8 DARNALL, Douglas. **Symptoms of parental alienation**. Disponível em: <www.parentalalienation.com/articles/symptoms-parental-alienation.html>. Acesso em: 18 dez. 2012.

o primeiro se refere ao processo que levaria à SAP, enquanto o segundo termo está relacionado à criança que apresenta uma acentuada rejeição em relação ao genitor que não detém a guarda. Logo, a *alienação parental* consiste no processo, consciente ou inconsciente, de um dos genitores em colocar a criança contra o outro genitor. Nesse sentido, Motta afirma que "ter o controle total de seus filhos passa a ser questão de vida e morte".[9]

O documentário "A morte inventada", lançado em 2009, dirigido por Alan Minas, da Caraminhola Produções, demonstra, com clareza e emoção comoventes, como se dá o processo de alienação parental e suas consequências. Cada vez se faz mais presente e necessária a discussão do tema, dada a sua complexidade e importância. Não é mais possível negar as evidências dos estragos causados pela alienação parental. Ao contrário, é preciso ter consciência e combater a alienação parental, visando a medidas protetivas para as crianças e os adolescentes. A ideia errônea de que, com o tempo, as coisas se acomodam e que não se deve intervir em disputas conjugais há muito já foi superada pela necessidade de se agir com prevenção e saúde, por meio da informação, da psicoeducação, da conscientização e da lei.

Eduardo de Oliveira Leite aborda muito bem essa questão, citando o ginecologista Nelson Vittiello, que, ao abordar a temática da alienação parental e outros temas, como abuso e incesto, considera que esses consistiam em um verdadeiro "complô de silêncio", que encobria a discussão desse problema, que denominaram como incômodo.[10]

2.2 O cenário em que a SAP se desenvolve

A maneira como cada membro do casal lidará com o fim do casamento é que propiciará, aos filhos, uma melhor ou uma pior elaboração da separação, conforme assevera Almeida em todo o seu livro *A criança*

9 MOTTA, Maria Antonieta Pisano. A síndrome da Alienação Parental. In: APASE (Org.). **Síndrome da alienação parental e a tirania do guardião**: aspectos psicológicos, sociais e jurídicos. Porto Alegre: Equilíbrio, 2007. p. 43.

10 LEITE, Eduardo de Oliveira. **Alienação parental**: do mito à realidade. São Paulo: RT, 2015. p. 35.

frente à separação dos pais.[11] As autoras Diane E. Papalia e Sally W. Olds[12] declaram que a adaptação depende, em parte, de como as pessoas se sentem em relação a si mesmas e a seus (suas) ex-companheiros(as) e de como o divórcio é manejado.

É preciso lembrar que, na maioria das questões de envolvendo o fim da relação conjugal, as pessoas não estão vivenciando a mesma etapa ao mesmo tempo. Ou seja, algumas podem já ter feito um luto silencioso, também chamado de luto homeopático, enquanto outras, mesmo com a sinalização dos conflitos, não acreditavam ter de enfrentar um divórcio. Para quem já fez um luto homeopático, a separação representa uma luz no fim do túnel e, por isso, a pessoa pode parecer fria, mas, para quem é pego de forma inesperada, pode parecer uma tragédia.[13]

A extinção da vida conjugal implica vários lutos:

a. *o luto emocional*: que diz respeito às vivências das emoções, como dor, raiva, tristeza, medo, mágoas, ansiedades, decepção, frustração e outras;

b. *o luto físico*: de constatar a falta da pessoa e ter de lidar com a nova organização doméstica a partir da saída de um dos cônjuges da casa e da vida;

c. *a mudança da parentalidade*: o casal não se vê mais como marido e esposa e passa a ter de redefinir a família extensa, como cunhados, sogra, sogro. Da mesma forma, conscientizar-se de que o genro ou a nora, que eram como "filhos", diante da ruptura conjugal, terão de ser redefinidos, sendo esse processo muito doloroso, principalmente, em relacionamentos de convivência de longa duração;

d. *o luto legal*: que envolve todas as partilhas e os acordos, incluindo as questões relacionadas a filhos;

e. *o luto mental*: que é se perceber emocional e mentalmente em separado.

[11] ALMEIDA, L. E. S. A criança frente a separação dos pais. In: JORNADA DE PSICANÁLISE DO GPAL, 8., 2010, Recife. **Anais...** Recife, 2010.

[12] PAPALIA, Diane E.; OLDS, Sally W. **Desenvolvimento humano**. Porto Alegre: Artmed, 2000. p. 420.

[13] MANFRO, M. C. F. Luto homeopático. **Jornal NH**, Novo Hamburgo, Caderno Viver, 30 nov. 2015.

É muito diferente a pessoa ter uma separação que ocorra de forma inesperada, ou de certa forma esperada, ou até bem-vinda. Mesmo quando uma separação for de comum acordo, não significa que não haverá conflitos, e um bom exemplo é em relação à guarda dos filhos.

Conforme Verônica A. da Motta, Cesar Ferreira e Rosa Maria Stefanini de Macedo[14], mesmo considerando que os casamentos não fracassam, somente duram, o divórcio traz o gosto amargo do fracasso de uma ilusão social: o amor romântico que dizia "para sempre". Destacam ainda que homens e mulheres não se casam para se divorciarem, mas, ao fazê-lo, têm de se enlutar por não terem sido escolhidos pelo amor eterno. Complementam dizendo que se descasar-se é muito diferente de divorciar-se. Descasar-se implica divórcio emocional, romper laços emocionais e retomar as rédeas da vida, *desinvestir* na relação e reinvestir no eu. Essa tarefa não é fácil, ainda mais quando um dos parceiros não admite e não quer ter de passar por esse processo. Nesse momento, nem sempre os pais conseguem atender às necessidades dos filhos.

É comum, em casos de extinção da vida conjugal, de casamento ou união estável, um dos cônjuges/companheiros não aceitar o fim da relação. Esse "não aceitar" pode ocorrer em função de diversos motivos, como a diminuição significativa do patrimônio, afinal, na maioria das vezes, dividem-se os bens; ou, muitas vezes, pela razão que desencadeou a separação, como uma traição.

A não aceitação também se dá pelos sentimentos negativos de um cônjuge por não querer ver a felicidade da outra parte. Isso pode interferir no relacionamento, nas negociações e causar desacordos contínuos. Também, em virtude da desregulação emocional, estando presentes emoções como a raiva e a ansiedade, a pessoa passa a ter pensamentos negativos e ameaçadores, o que faz com que o casal tenha baixos índices de concordância. Isso faz com que o ex-casal perca a flexibilidade, dificultando a comunicação. Quanto mais uma pessoa tiver rigidez de pensamento, cuja tendência é manter as coisas como elas estão (imutáveis ou acomodadas) – como medida de proteção do self (eu) –, mais terão um padrão rígido de interpretar os fatos, a vida e os

[14] MOTTA, Verônica A. da; FERREIRA, Cesar; MACEDO, Rosa Maria Stefanini de. **Guarda compartilhada**: uma visão psicojurídica. Porto Alegre: Artmed, 2016. p. XII.

problemas. Essa rigidez distorce significados e causa sofrimentos, muitas vezes, desnecessários, criando um comportamento intolerante e com muita teimosia.[15]

Já um fato citado como importante por Diane E. Papalia e Sally. W. Olds[16], na adaptação ao divórcio, é o desligamento emocional do ex-cônjuge, associado a uma vida social ativa que ajuda a cortar os vínculos emocionais.

Por conta do processo do divórcio, o desenvolvimento normal da vida da família é interrompido, causando bruscas alterações. Monica McGoldrick e Betty Carter[17] ressaltam que, na maioria dos divórcios, um dos cônjuges quer sair do casamento mais do que o outro. As pessoas transitam entre polos que vão desde a depressão, a tristeza, a apatia e o desânimo, até picos de raiva, com atitudes de retaliação e revanche, o que também confunde os envolvidos.

Não sendo essa decisão mútua, aquele que não quer se separar acaba ficando vulnerável a um desequilíbrio emocional, à baixa autoestima, a sentimentos de impotência e humilhação. Logo, precisa lidar com a dor da rejeição, a raiva por ter de desconstruir os sonhos que não se realizarão e a reorganização de uma vida já construída. Poucos sentimentos são tão perturbadores como a sensação de ser trocado(a), pois engatilha sentimentos de grande rejeição. Não há pior coisa para a estima de alguém do que ser trocado por outro(a). Associa-se a "eu não servi". Isso é profundamente doloroso e fere profundamente. Ser trocado por outro(a) produz uma raiva intensa em quem foi trocado para com quem quis a troca. Além disso, a raiva, quando existem filhos envolvidos, acaba sendo, muitas vezes, exercida e respingada principalmente nas crianças, sendo essas facilmente moedas de troca no jogo da raiva.[18]

15 ASSOCIAÇÃO BRASILEIRA DE TERAPIA FAMILIAR - ABRATEF. Mesa Redonda: o imapcto da deregulação emocional no relacionamento de casal. In: CONGRESSO DA ABRATEF, 12., 2016, Gramado. **Anais...** Gramado: ABRATEF, 8-11 jun. 2016.

16 PAPALIA, Diane E.; OLDS, Sally W. **Desenvolvimento humano**. Porto Alegre: Artmed, 2000. p. 420.

17 McGOLDRICK, M.; CARTER, B. **As mudanças no ciclo da vida familiar**. 2. ed. Porto Alegre: Artmed, 1995. p. 291-320.

18 MANFRO, M. C. F. Ser trocado. **Revista Expansão RS**, n. 199, p. 40, 2016.

Estima-se que mais de mil crianças sejam levadas à força por um dos pais com a finalidade específica de magoar o outro. Afirmam as autoras Judith S. Wallerstein e Sandra Blakeslee[19] que, com frequência, o divórcio leva a um colapso parcial ou total, durante meses e às vezes anos depois da separação, da capacidade de o adulto ser pai ou mãe. Envolvidos na reconstrução de suas próprias vidas, mães e pais estão preocupados com mil e um problemas que podem cegá-los para as necessidades dos filhos.[20] Com frequência, esses pais não estão em condições psicológicas e até físicas o que acaba fazendo com que os filhos sofram negligência e mau cuidado.

Raquel Pacheco Ribeiro de Souza, Promotora de Justiça em Minas Gerais, citada por Alan Minas e Daniela Vitorino, declara que, quando os pais permitem que suas brigas atinjam a parentalidade, não estão cumprindo com o dever de cuidado, não estão respeitando a individualidade e a liberdade de seus filhos, mas usam a ascendência sobre os filhos para apalaçar suas dores pessoais e seus conflitos, sem conseguir enxergar as crianças como estranhas ao conflito.[21]

Pessoas com a sensação de serem trocadas querem "justiça". Mas, uma justiça pessoal, baseada no rancor, nas mágoas e nos ressentimentos, que, muitas vezes, passam longe da verdadeira justiça. Dizeres como "O seu pai não me quis? Então não quer você também" ou "A sua mãe não me quis mais, isso porque ela é ....." (coloque aqui adjetivos pejorativos) revelam atitudes agressivas e de retaliação, na grande maioria das vezes, injustas ao contexto, mas, totalmente justas para quem sofre e se sente excluído, trocado e posto fora.[22]

A vingança vem encoberta na forma de justiça. A pessoa clama por justiça, mas o que quer é retaliação e, dessa forma, acaba por ensinar os filhos a odiarem e a rejeitarem o outro. Romper vínculos é muito doloroso. Ter um afastamento que não se quer é muito triste.

19 WALLERSTEIN, Judith S.; BLAKESLEE, Sandra. **Sonhos e realidade no divórcio**: marido, mulher e filhos dez anos depois. São Paulo: Saraiva, 1991.

20 WALLERSTEIN, Judith S.; LEWIS, Julia; BLAKESLEE, Sandra. **Filhos do divórcio**. Tradução de Werner Fuchs. São Paulo: Loyola, 2002. p. 16.

21 MINAS, A.; VITORINO, D. (Org.). **A morte inventada**: alienação parental em vozes e ensaios. São Paulo: Saraiva, 2014. p. 123.

22 MANFRO, M. C. F. Ser trocado. **Revista Expansão RS**, n. 199, p. 40, 2016.

Ficar longe da pessoa amada ou imaginar perder o seu amor é uma forma de entender muito bem o que se chama angústia e, portanto, não se deveria delegar isso aos filhos, fazendo com que fiquem afastados e privados da convivência com quem amam. O alienador não consegue ter a empatia necessária para com o outro a fim de exercer uma justiça verdadeira. Vê a situação somente pelos olhos da sua vontade, não tendo com isso uma visão que beneficie os filhos, somente com a vontade de punição do outro. Algumas pessoas contam com certo orgulho e alegria que castigaram seus cônjuges pela separação, fazendo-os ficarem em sofrimento, privando-os do contato com os filhos e sem apresentar culpa ou remorso algum. Julgam-se no direito, uma vez que se encontram em sofrimento pela separação ou pelo pensamento de rejeição. Relatos do tipo *"Eu somente o (a) deixei voltar a ter contato com os filhos depois que voltou pra mim"* são muito comuns nessas situações.

Solange Rosset[23] aborda que "a justiça, assim como o certo, a verdade – só o é ou deixará de ser dependendo do ângulo de quem olha, da pessoa que olha e das circunstâncias e do contexto que envolvem o que está acontecendo". Diante disso, surge a necessidade da lei. Esta tem a tarefa de assegurar o que pessoas contaminadas pelas suas emoções não têm condições de organizar adequadamente. É muito comum encontrar pessoas que se expressam dizendo que vão lutar por seus direitos. Nesse sentido, Monja Coen[24] assevera que não se deve lutar pelos direitos, deve-se exigir, sim, que sejam respeitados. Mas, não é uma luta, não é uma briga. É uma construção.

No que diz respeito às separações, John M. Haynes e Marilene Marodin[25] ressaltam que as pessoas geralmente pensam nos filhos de três maneiras:

1. como bens: "Eles me pertencem. Investi tudo neles. Vejo neles minhas esperanças de futuro";

[23] ROSSET, Solange. **O casal nosso de cada dia**. Curitiba: Sol, 2005. p. 155.

[24] MONJA, C. Educação emocional. In: MINAS, A.; VITORINO, D. (Org.). **A morte inventada**: alienação parental em vozes e ensaios. São Paulo: Saraiva, 2014. p. 30.

[25] HAYNES, John M.; MARODIN, M. **Fundamentos da mediação familiar**. Porto Alegre: Artes Medicas, 1996. p. 185.

2. como armas: "Se ele pensa que vai vê-los sempre, quando quiser, está louco", "Se eu estou pagando por eles, eu decido quem os visita e quando eu vejo as crianças";
3. como pessoas temerosas sobre o futuro, divididas em lealdade, tendo sentimentos e necessidades independentes de cada um e dependentes de ambos. A verdade é que pais podem ser cruéis, quando em fúria, por estarem desgostosos pelas crises oriundas do término da relação conjugal, e transferem essas emoções horrendas para os filhos. A raiva e o ódio são capazes de destruir nossa humanidade.

O que se quer dizer é que, não raramente, ocorre a separação de fato, inclusive o divórcio, mas não a separação emocional.

Em algumas situações, a dificuldade de resolver emocionalmente é tão grande que, mesmo com o divórcio e ainda estando na companhia de um novo cônjuge ou companheiro, a pessoa cultiva rancor do ex-cônjuge. Em tal cenário, marcado pelo conflito, os filhos, que não têm nada a ver com aquela batalha, acabam sendo colocados no meio dela.

Nessas situações, é comum as crianças ficarem como pequenos Ulisses. Segundo a mitologia grega, no estreito de Messina, o navegante Ulisses enfrentou ao mesmo tempo dois perigos: ir de encontro ao rochedo de Cela ou ser tragado pelo Sorvedouro de Caribde, ambos representados como monstros. Muitas crianças, como verdadeiros Ulisses, encontram-se no meio de pais que as amam, que elas amam, mas que, em determinados momentos, podem agir como monstros.[26]

Assim posto, significa que há uma mistura de conjugalidade com parentalidade. Dessa forma, um dos genitores não consegue entender que acabou a vida conjugal com o pai/a mãe de seu filho, e não o vínculo parental daquele(a) com este.[27]

Essa "mistura" entre conjugalidade e parentalidade acaba resultando em uma falta de entendimento na questão que deveria ser ponto harmônico entre o casal: a prole. Em outras palavras, por não saber distinguir conjugalidade de parentalidade, o ex-casal prejudica o

[26] MANFRO, M. C. F. **Conectados na alma**: histórias de dores e amores. Belo Horizonte: Artesã, 2003. p. 125.

[27] FONSECA, Priscila Maria Pereira Corrêa. Síndrome da alienação parental. **Revista Brasileira de Direito de Família**, Porto Alegre, v. 8, n. 40, fev./mar. 2007. p. 8.

diálogo que deveria haver quando o assunto é filhos[28]. De acordo com Monja Coen,

> Quando um casal se torna inimigo, o filho ou a filha ficam perdidos, porque suas duas fontes primordiais de referência e de amor estão em conflito. Um acusando o outro de não ser bom, apontando reciprocamente falhas e defeitos. E a criança pensa: Onde fico? Como fico?[29]

Nessas situações, é comum o ex-casal usar os filhos em guerras de poder, os filhos como moeda de troca e, em casos mais graves, usar os filhos como punição ao outro que não quis mais a relação. Almir Ribeiro, em seu texto "A delicada cabeça do elefante", traz à tona as histórias mitológicas, nas quais se percebe que, nos conflitos, quem mais sofre são os filhos, mas esses sofrimentos quase nunca merecem relatos. O sofrimento dos filhos, declara ele, não aparecem nos livros, somente o sacrifício de seus pais. O autor questiona por que, afinal, o filho precisa ser usado em teste, em ajustes de contas? Que tipo de lógica leva a desconsiderar o filho como sujeito, autônomo e isento, e usá-lo como moeda, como arma, como cordeiro a ser imolado em uma causa que pertence unicamente a seus pais?[30]

Nesse sentido, verifica-se que a dificuldade está em saber diferenciar o que é um "casal matrimonial" e um "casal parental".[31] O que se pode perceber é que existem casos em que um dos cônjuges, em vez de resolver o litígio e viver o sofrimento natural de quem passa por um divórcio, segue sustentando-o para justamente continuar tendo um motivo para brigar.

Um conto popular aponta que Deus e o diabo conversavam, quando da criação do homem e da mulher, sobre qual cola deveria ser usada para fixar um ao outro. Deus sugeriu o amor, e o diabo, a raiva, justificando

[28] SOUSA, Analicia Martins de. **Síndrome da alienação parental**: um novo tema nos juízos de família. São Paulo: Cortez, 2010. p. 22.

[29] MONJA, C. Educação emocional. In: MINAS, A.; VITORINO, D. (Org.). **A morte inventada**: alienação parental em vozes e ensaios. São Paulo: Saraiva, 2014. p. 19.

[30] RIBEIRO, A. A delicada cabeça de elefante. In: MINAS, A.; VITORINO, D. (Org.). **A morte inventada**: alienação parental em vozes e ensaios. São Paulo: Saraiva, 2014.

[31] FEDULLO, Sandra. Filhos do divórcio. In: CASTILHO, T. (Org.). **Temas em terapia familiar**. São Paulo: Summus, 2001. p. 132.

que ela teria maior eficiência cumprindo o papel de colar, ou seja, de ligar mais. Ambos acreditavam que sua cola era mais eficiente. A cola do amor envolve respeito, companheirismo, agrado, esforço comum. A cola da raiva envolve mágoas, sacanagens, mentiras, trapaças, disputas e competição. Conta a lenda que, até hoje, não se sabe o que pode colar mais as pessoas umas às outras: o amor ou a raiva.[32]

A briga pode funcionar como uma "cola" psicológica que mantém o casal unido e vinculado na briga e esse mecanismo pode durar anos de sofrimento, desgaste e paralisação da vida. Monica McGoldrick e Betty Carter[33] dizem que famílias em que as questões emocionais do divórcio não estão adequadamente resolvidas podem permanecer emocionalmente paralisadas por anos, senão por gerações. Nas palavras de John M. Haynes e Marilene Marodin: "[...] quando a esposa mantém unidos os papéis de mãe e esposa, ou o marido junta os papéis de marido e pai, negociações significativas ficam bloqueadas".[34] Essas questões não são fáceis de se desenredar e, dessa forma, toda a raiva legítima que cada um tem em relação ao outro como esposo/a se dirige equivocadamente ao outro como pai/mãe. Isso faz com que pais resistam a dar o reconhecimento de ver o outro como bom pai ou boa mãe, mesmo com evidências positivas para ambos.

No contexto em pauta, a pergunta que surge é a seguinte: quando não existe mais o "casal matrimonial", o que os genitores devem fazer para garantir a função parental, ou seja, a função de pai e mãe?

Como clarificam Judith S. Wallerstein e Joan B. Kelly:

> O maior perigo trazido pelo divórcio para a saúde psicológica e o desenvolvimento das crianças e dos adolescentes é a maternagem/paternagem diminuída ou perturbada que tão frequentemente acontece depois da ruptura e pode consolidar-se na família pós divórcio.[35]

[32] MANFRO, M. C. F. **Conectados na alma**: histórias de dores e amores. Belo Horizonte: Artesã, 2003. p. 119.

[33] McGOLDRICK, M.; CARTER, B. **As mudanças no ciclo da vida familiar**. 2. ed. Porto Alegre: Artmed, 1995.

[34] HAYNES, John M.; MARODIN, M. **Fundamentos da mediação familiar**. Porto Alegre: Artes Medicas, 1996. p. 118.

[35] WALLERSTEIN, Judith S.; KELLY, Joan B. **Sobrevivendo a separação**. Porto Alegre: Artmed, 1998. p. 347.

Portanto, a resposta é óbvia: os ex-cônjuges devem manter um entendimento mútuo, visando à preservação da relação com os filhos, colocando-os em primeiro lugar. O problema é tornar efetivo esse comportamento, pois, não raramente, os pais adicionam problemas já vivenciados pelo divórcio, dividindo com os filhos a sua raiva contra o cônjuge, o que faz com que a criança se confunda sobre o outro, criando conflitos de lealdade. O ideal seria que os pais não falassem com os filhos sobre o outro cônjuge, também deslocando nos filhos a raiva que sentem deste. Esse comportamento de deslocar a raiva anos filhos é mais fácil acontecer quando um dos filhos tem grande semelhança física e/ou comportamental com o outro cônjuge.

John M. Haynes e Marilene Marodin[36] abordam que, muitas vezes, os pais falham ao responder às necessidades dos filhos por estarem cuidando de suas próprias necessidades, absorvidos em si próprios. Engolfados em um mar de emoções exacerbadas, não ficam disponíveis para as crianças, que são utilizadas de diversas formas.

Quando um casal que está se separando se encontra em crise, é comum dizer "nós nunca brigamos na frente dos filhos", como se essa fosse a única forma de atingi-los. Os adultos subestimam as crianças em sua forma de perceber o que se passa à sua volta e com seus pais. Dessa forma, o mais importante não é apenas perceber que os pais não brigam, mas, sobretudo, que possuem um bom relacionamento, alicerçado no respeito.

Nesse contexto, seguem abaixo algumas condutas reprováveis que acabam por atingir as crianças:

filho não pode ser usado como detetive: é quando os pais mandam o filho investigar e descobrir o que acontece com o outro cônjuge. Exemplo: "Vai lá e olha o celular do pai prá mãe, fica de olho e conta tudo que você ver";

a. filho não pode ficar como espião: é quando um dos genitores usa a criança para espionar o outro ou a casa do outro. Em um caso específico, o pai pediu ao filho, com a desculpa de ser uma brincadeira, para ver se ele sabia mesmo ler e escrever, que o

[36] HAYNES, John M.; MARODIN, M. **Fundamentos da mediação familiar**. Porto Alegre: Artes Medicas, 1996. p. 103.

menino catalogasse o que havia dentro da geladeira da casa da mãe, a fim de anexar à lista que seguiria no processo de Ação de Alimentos. A criança o fez de forma inocente, o que provocou a ira da mãe. Outro exemplo: "Conta para o pai tudo que está acontecendo lá na casa da mãe. Se ela tem saído com alguém, se tem alguém telefonando pra ela! Fica de olho!";

b. filho não pode ficar como "orelhão": é quando um dos cônjuges usa o filho para falar da sua crise, falar do outro cônjuge ou contar sobre si mesmo, algumas vezes, já contando intimidades com terceiras pessoas. Isso é algo muito pesado para um filho. Exemplo: "Você nem sabe o que seu pai me fez...e por isso eu estou conversando com um cara...";
c. filho não pode se tornar um muro de lamentações: é quando um dos cônjuges usa o filho para depositar suas frustrações, suas mágoas e seus ressentimentos. As dores são todas depositadas no filho. "A minha vida é uma droga, se eu tivesse feito isso ou aquilo...com a separação minha vida não tem sentido";
d. filho não pode ser mensageiro: é quando o filho é colocado como garoto de recado, de um lado para outro. "Vai lá e diz pro teu pai que, se ele acha que tudo vai ficar bem enquanto ele se diverte com a nova namorada, ele está muito enganado, diz pra ele que me aguarde, que vem chumbo grosso pela frente";
e. filho não pode ficar como "penico": é quando toda a raiva é jogada no filho, sendo este o depositário de todas as sensações e dos pensamentos ruins. Exemplo: "Tua mãe não presta, ela nos enganou, ela vale nada, ela é isso e aquilo";
f. filho pequeno ou adolescente não pode ser tratado como adulto e colega, deixando os pais de colocar limites apropriados, de exercer o papel de autoridade;
g. filho não pode assumir o papel de pai e mãe de seus irmãos, sendo usado para cuidá-los, uma vez que isso força o amadurecimento prematuro e tira-lhe a infância;
h. filho não pode ser propriedade nem de um, nem de outro, no sentido de posse;
i. filho não pode ser terapeuta! E, muitas vezes, é o que acontece, tendo de ser o adulto da casa, o centrado, o que apoia, o que

consola, o que tenta resolver tudo, até mesmo com ele adoecendo como forma de tirar o foco das brigas dos pais.

Annie Rehbein de Acevedo, citada por Melissa Telles Barufi, acrescenta ainda a palavra "confessores" nessa lista de como os filhos não devem ser usados e diz:

> Evite a todo custo expressar-se mal ou com grosseria a respeito da outra pessoa. Os filhos precisam de imagens positivas do pai e da mãe como base para construir sua própria Imagem. A criança precisa ver o lado bom de ambos os pais, para conseguir encontrar também o seu.[37]

Filho tem que ser amado, protegido e cuidado. Filho precisa sentir que pode contar com ambos os pais, que o afeto é seguro, que não é joguete, que não é moeda, mas sim prioridade.

Com esses jogos psicológicos, os filhos vão aprendendo a rejeitar um dos genitores.

O processo de desconstrução da conjugalidade ocorre concomitantemente com o da reconstrução da identidade individual e isso, para muitas pessoas, gera sofrimento. Nesse diapasão, observa-se que esse processo de desconstrução da conjugalidade seria muito mais fácil se os ex-cônjuges entendessem que não são mais cônjuges, mas continuam sendo pais.

Segundo Maria Berenice Dias, "O rompimento da vida conjugal dos genitores não deve comprometer a continuidade dos vínculos parentais, pois o exercício do poder familiar em nada deve ser afetado pela separação".[38]

Os filhos podem sofrer pelas dificuldades de convívio e de comunicação dos pais, estando eles casados ou separados. Pouco se fala, mas sabe-se que muitas pessoas aparentemente "bem casadas" produzem alienação parental dentro de casa. Pessoas que não se toleram, que incitam o ódio e a briga de um para com o outro, que passam uma vida com-

[37] BARUFI, M. T. B. O ato de perdão é personalíssimo. In: MINAS, A.; VITORINO, D. (Org.). **A morte inventada**: alienação parental em vozes e ensaios. São Paulo: Saraiva, 2014. p. 85-86.

[38] DIAS, Berenice. Guarda compartilhada: uma novidade muito bem vinda!. **Conteúdo Jurídico**, Brasília, 29 set. 2008. Disponível em: <http://www.conteudojuridico.com.br/?artigos&ver=2.21208&seo=1>. Acesso em: 11 jul. 2016.

prometendo a imagem um do outro, mas que nem por isso se separam. Nesse cenário, fazem com que os filhos fiquem com o pior dos pais. Com imagens pobres e distorcidas dos pais e de si mesmos.

É preciso dialogar sobre o sofrimento dos filhos que vivem em lares infelizes por casamentos falidos e em constante conflito e agressões, em que todos vivem mal. Isso quer dizer que o padrão de funcionamento dos pais é muito mais importante. Quanto mais disfuncional, com mais atrito, com maior falta e dificuldade de comunicação, mais sintomas e dificuldades acarretará aos filhos, independentemente da situação marital. O bom relacionamentos dos pais é imprescindível para a criança e o adolescente. Em outros termos, o vínculo do casal de conjugalidade não se extingue, mas é modificado, uma vez que continua havendo uma relação, afinal, são pais.

Conforme apresenta Féres-Carneiro[39], o mais importante para os filhos não é o fato de os pais estarem casados ou separados, mas a qualidade da relação entre os (ex-)cônjuges e entre estes e seus filhos. Os filhos necessitam dos pais e estes são os únicos que eles sempre terão e, por isso, necessitam cooperar no futuro como pais. Existirão ex-mulher e ex-marido, mas não podem existir ex-pais.

Dessa forma, separação não se trata de uma ruptura, mas de uma passagem. O fato de não caminharem mais juntos como marido e mulher não significa que não poderão caminhar juntos como pais. E, para isso, é imprescindível o cuidado, a fim de não destruir a imagem um do outro.

Essa dificuldade em enfrentar o processo de desconstrução da conjugalidade é também chamada, por Cigoli[40], de cisma geracional, que é quando a dor pelo fim do casamento acaba fazendo com que um dos cônjuges, para atingir o outro, exclua-o da vida dos filhos ou ainda dividem-nos entre os genitores.

Vale ressaltar também a diferença entre vínculo conjugal e conjugalidade. O primeiro está relacionado a aspectos de ordem relacional, afetiva ou psicológica que se encontram no casamento. Já a conjugalidade

39 FÉRES-CARNEIRO, T. Casamento contemporâneo: o difícil convívio da individualidade com a conjugalidade. **Psicologia, Reflexões e Crítica**, v. 11, n. 2, p. 379-394, 1998. p. 32.

40 CIGOLI, Vittorio. O rompimento do pacto: tipologia do divórcio e rituais de passagem. In: ANDOLFI, M. (Org.). **A crise do casal**: uma perspectiva sistêmico-relacional. Porto Alegre: Artmed, 2002. p. 191.

se vincula a aspectos sociológicos, históricos, jurídicos e da vida cotidiana. Por isso, trata-se de transformação do vínculo conjugal para parental, e não a sua extinção, possibilitando uma relação saudável entre pais e filhos.

Para Françoise Dolto[41], quando os pais assumem o divórcio de maneira responsável, isso se torna um fator de amadurecimento para todos: os pais conseguem lidar melhor com seus sentimentos pessoais (em vez de projetá-los no ex-cônjuge), e os filhos conseguem, apesar das provações, conservar suas afeições pelo pai e pela mãe – um avanço na direção do amadurecimento social e da autonomia, pois aprendem a ser mais flexíveis (por serem obrigados a encarar duas realidades diferentes, a do pai e a da mãe) e realistas, sem projetar ressentimentos nem idealizar os pais, por isso, ficam mais preparados para lidar com as mudanças sem se desestruturarem.[42]

O primeiro ano após a separação é o período mais crítico, pois há vários pontos que precisam ser ajustados frente ao novo contexto, como as finanças, o trabalho, a rotina escolar, etc. A reorganização da vida, dos sentimentos, a acomodação das rotinas que serão mudadas, tudo leva tempo. As mulheres, nessa fase pós-separação, podem apresentar certa dependência em relação aos filhos, considerando que passam a vê-los como uma forma de apoio para enfrentar a nova realidade. Por ocasião da separação, muitas vezes, as mulheres mostram-se irredutíveis em querer obter a guarda dos filhos, ainda que isso venha acarretar um desgaste físico e psíquico. Seguindo na mesma linha de raciocínio, pode-se afirmar que essa possessividade é uma forma de "mostrar quem manda". A mãe passa a desempenhar os papéis de mãe e pai.

Muitas mães têm a falsa ilusão e acreditam que podem substituir o pai por outras figuras de apego, como os avós, como se elas bastassem para a criança. Sem dúvida, uma rede de apoio, como avós, dindos, babás e cuidadoras, ajuda muito, mas em nada substitui o pai ou a mãe. Algumas mães se gabam com o discurso: "eu e meu filho nos bastamos, não precisamos de mais ninguém". Isso não deixa de ser uma forma explícita de egoísmo. Nesses casos, o pior é ter o álibi do amor. Muitas mães acreditam que o seu amor basta e, portanto, a exclusão do outro é

41 DOLTO, Françoise. **Quando os pais se separam**. Rio de janeiro: Zahar, 1989.

42 DOLTO, F. **Quando os pais se separam**. Rio de Janeiro: Jorge Zahar, 1991. p. 100.

justificável. Esse comportamento, geralmente, é resultado de um ex-casal em que um dos cônjuges não aceita o fim da relação e, por conseguinte, essa é a maneira que encontra para agredir o outro cônjuge.

Marco Antônio Garcia de Pinho afirma que é muito mais comum deparar com casos de mulheres que praticam a alienação parental contra seus ex-cônjuges/companheiros, uma vez que mais de 90% das guardas são atribuídas às genitoras.[43]

Entretanto, ressalta-se que não se pode classificar todas as mães que apresentam um comportamento de autoproteção com os filhos como sendo alienadoras, pois existe todo um contexto histórico-social que acabou por aproximar mais os filhos de suas mães do que de seus pais[44].

Um dado interessante é que há mulheres que querem a separação, podendo até mesmo iniciar um novo relacionamento, mas, quando o ex-parceiro arruma uma nova companheira, este passa a ser impedido do convívio com o filho. Já em relação aos homens, alguns até aceitam ou querem a separação, mas desde que a mulher não coloque "ninguém para dentro de casa", ou seja, que ela não refaça a sua vida conjugal. Em outras palavras, sob o manto de buscar o bem-estar da criança, esconde-se uma verdadeira batalha, na qual o que realmente está em jogo é os ciúmes e o ego daquele que ainda não superou o fim da relação.

Segundo Priscila Fonseca[45], quando a alienação parental é desencadeada pelo pai, em geral, advém do desejo de vingança, estando este relacionado ao motivo que resultou na separação, como o adultério, ou em função de o genitor almejar continuar mantendo o controle da família, ou também para evitar o pagamento da pensão alimentícia.

Geralmente, ocorrem mais e maiores conflitos nas separações de casais que já tinham um funcionamento disfuncional, isso quer dizer, que já viviam em conflitos e desentendimentos, somente perpetuando para a separação um funcionamento disfuncional já existente, em que

43 PINHO, M. A. G. Alienação Parental: histórico, estatística, projeto de lei 4053/08 & jurisprudência completa. **Conteúdo Jurídico**, 2009. Disponível em: <www.conteudojuridico.com.br>. Acesso em: 02 mar. 2010.

44 SOUSA, Analicia Martins de. **Síndrome da alienação parental**: um novo tema nos juízos de família. São Paulo: Cortez, 2010. p. 160.

45 FONSECA, Priscila Maria Pereira Corrêa. Síndrome da alienação parental. **Revista Brasileira de Direito de Família**, Porto Alegre, v. 8, n. 40, fev./mar. 2007. p. 9.

agressões, discussões e desentendimentos já se faziam presentes. A tendência é que o casal já chegue à separação com muitas mágoas, com ressentimentos e "promissórias afetivas", isso quer dizer, cobrando dívidas internas que, muitas vezes, o outro nem sabe que havia assinado, muito menos capazes de serem saldadas. Isso quer dizer que muito do que acontece de disfuncionalidade na separação já vinha acontecendo há muito tempo. Os conflitos são antigos, mas vêm à tona e surgem de maneira menos encoberta.

Os autores John M. Haynes e Marilene Marodin[46] ressaltam que, quando examinam a extensão e a natureza do conflito, descobrem que a disputa real entre as partes é uma disputa interpessoal não resolvida, entre essas disputas, um exemplo é devido a um caso extraconjugal.

Também é inegável o caráter da cultura e de questões de gênero nesses impasses. Martia Luiza Valente, doutora em Serviço Social pela PUCRJ, afirma que, segundo Mary Mason, "quando um homem e uma mulher disputam a guarda ou a visitação de seus filhos estão de fato engajados na guerra de gêneros que, nas últimas décadas, vem ocorrendo no trabalho, no lar e na vida íntima".[47]

No tocante ao fim da vida conjugal dos pais, a forma como cada filho encarará esse momento depende da idade, do sexo e da personalidade. Em outras palavras, cada criança enfrenta a separação dos pais à sua maneira, dependendo das características individuais de cada uma, porém percebe-se que as crianças têm ainda maior capacidade de adaptação do que filhos adolescentes. Em uma situação, o pai comenta pós-separação com a criança que ele ainda não comprou a cama que será dela na casa nova, que ele fará uma cama no chão, ao que a criança exclama: "oba, vamos brincar de acampamento". Já o filho adolescente questiona: "como assim? Vou ter que dormir no chão? Você ainda não providenciou uma cama pra mim?" Sabe-se que a criança ou o adolescente melhor se ajusta às situações quando possui marcos concretos como pontos de referência.

[46] HAYNES, John M.; MARODIN, M. **Fundamentos da mediação familiar**. Porto Alegre: Artes Medicas, 1996. p. 145.

[47] MASON, MARY, 1999, p. 62 apud VALENTE, M. L. Alienação parental: sintoma de modernidade?. In: MINAS, A.; VITORINO, D. (Org.). **A morte inventada**: alienação parental em vozes e ensaios. São Paulo: Saraiva, 2014. p. 62.

Judith S. Wallerstein e Joan B. Kelly[48] destacam pontos importantes sobre o divórcio nas crianças e nos adolescentes:

a. *o divórcio* é *assustador*: uma vez que o senso de vulnerabilidade aumenta;

b. é *uma* época *de tristeza e anseio*: ficando mais chorosas, de mau humor e com muito sentimento de perda. O anseio diz respeito às fantasias de reconciliação, porém ressalta-se que esse anseio, muitas vezes, atrapalha a elaboração da separação. Por essa razão, fantasias de reconciliação não devem ser fomentadas;

c. época *de preocupação*: as crianças ficam preocupadas com a estabilidade emocional de um ou de ambos os pais. É muito importante situar a criança sobre o que está acontecendo, quando acontecerá, e isso não significa se justificar para a criança, mas situar com respostas honestas, sucintas, reveladoras e que elas possam entender;

d. *sentir-se rejeitado*: a partida de um genitor pode ser para as crianças um indicativo de menor interesse por elas. Assim, a preocupação dos pais com os próprios problemas e a interrupção dos cuidados parecem ser uma nova rejeição. Infelizmente, percebe-se que isso é fato, e não apenas uma sensação ou falsa percepção das crianças, mas um dado real a ser observado:

e. época *de solidão*: novamente pela capacidade diminuída de cumprir o papel de pais, que se segue a separação;

f. época *de lealdades conflitadas*: em que os filhos se sentem puxados em ambas as direções pelo amor e pelo ódio, em que os pais competem abertamente pelo amor e pela lealdade dos filhos;

g. época *de raiva*: as crianças de todas as idades e os adolescentes apresentam aumento da raiva, por meio de brigas com irmãos, com crianças da escola e com os pais. Muitas vezes, esse aumento também ocorre por ver os pais em brigas, acreditando erroneamente ser a briga aceitável. Ressalta-se aqui a normalização da violência como um funcionamento esperado e tido erroneamente como certo.

[48] WALLERSTEIN, Judith S.; KELLY, Joan B. **Sobrevivendo a separação**. Porto Alegre: Artmed, 1998. p. 59-64.

Analicia Martins de Sousa, em seu livro *Síndrome da Alienação Parental*, também menciona o resultado de pesquisas realizadas por Wallerstein e Kelly[49] acerca do comportamento das crianças em relação às mães guardiãs. Segundo os estudos, as crianças mostraram-se empáticas frente à tristeza, aos abatimentos e à solidão manifestados por suas genitoras. Além disso, durante a pesquisa, crianças na idade de nove a doze anos demonstravam ter raiva e ódio em relação a um dos genitores e fidelidade ao outro.

De modo geral, as crianças sentem-se na obrigação de se aliar à genitora contra o pai, mas sofrem o impacto emocional e psicológico.

2.2.1 Conduta e Perfil do Genitor Alienador

Importa clarificar que os agentes da alienação não se resumem aos pais, estendendo-se, muitas vezes, a avós, tios ou qualquer outra pessoa próxima à criança e que tenha como objetivo desqualificar a conduta de um dos genitores, dificultando-lhe a sua autoridade parental. A situação acaba se agravando ainda mais quando a mãe ou o pai se coloca contra as visitas do outro genitor, resultando na recusa da criança em acompanhar o genitor não guardião em face da influência da/do mãe/pai sobre o filho.

Mesmo que exista um discurso de proteção à criança, é importante, como afirma Françoise Dolto, ter claro que

> Não se protege a segurança da relação, privando o filho do conhecimento do outro genitor. Ao contrário, isso constitui a enorme promessa de uma enorme insegurança futura, e que já estaria presente desde a instauração de tal medida, visto que isso é uma anulação de uma parte da criança através da qual lhe é indicado, implicitamente, que esse outro é alguém desvalorizado e falho.[50]

É difícil perceber que alguém que a criança ama e que a ama pode ser um alienador. Entretanto, quem pratica a alienação parental é uma pessoa

[49] WALLERSTEIN; KELLY apud SOUSA, Analicia Martins de. **Síndrome da alienação parental**: um novo tema nos juízos de família. São Paulo: Cortez, 2010. p. 34-35.

[50] DOLTO, Françoise. **Quando os pais se separam**. Tradução de Vera Ribeiro. Rio de Janeiro: Jorge Zahar, 2003. p. 52.

comum e com quem se convive no dia a dia. Não há um estereótipo definido em que se possa pensar, pois a pessoa acredita não estar fazendo nada de errado. Acredita que está exercendo os seus direitos e, portanto, sente-se mais fortalecida para alienar. Nem toda pessoa que é um alienador tem essa consciência, percebe-se, dessa maneira, que tampouco consegue observar o prejuízo que causa a si mesma e à prole.

A questão é: como mensurar a violência psicológica de tais situações, uma vez que não deixa vestígios físicos? É um abuso psicológico fazer com que a criança não se sinta amada, ou importante, ou se sinta constrangida, ansiosa, temerosa e com medo na presença do outro que é alguém importante para ela. A criança precisa saber e sentir que o afeto pode ser sentido e exercido livremente entre pai/mãe e demais membros da família. Isso quer dizer ter o direito de amar e ser amada livremente. É difícil, para uma pessoa alienadora, a percepção de que esse comportamento implica mau trato, até porque se nega a refletir sobre o assunto. Sente-se vítima, acredita na injustiça para com ela. Agarra-se as suas verdades criadas na própria cabeça, ou seja, a conscientização não se faz presente. Com isso, evita-se dar ouvidos a pessoas que possam, de alguma maneira, confrontá-la, o que dificulta o trabalho de bons advogados e psicólogos que alertam para o funcionamento inadequado que a pessoa tenha. A pessoa busca se agarrar a fatos e dar interpretações que justifiquem a sua atitude de alienação. As crianças tornam-se instrumentos à mercê da vontade do genitor guardião.

No mesmo diapasão, o fato de o genitor alienador difamar o outro genitor, não raramente, é uma tática utilizada para negar os próprios problemas, como o alcoolismo, o uso de drogas, a negligência com os filhos, etc.[51], agindo o alienador de forma impulsiva, muitas vezes, criando uma falsa ilusão de si mesmo, geralmente supervalorizada, e uma invalidação e exclusão do outro. Em decorrência do exposto, seguem abaixo algumas atitudes que indicam o perfil do alienador.

a. Processo de desqualificação e desautorização. Exemplo: "Teu pai não vale nada!"

[51] ZULIANI, Ênio Santarelli. Guarda compartilhada e visitas: a nova perspectiva de impor sanções por violações ao direito de ter o filho em sua companhia ou de visitá-lo, como estabelecido. **Revista Lex do Direito Brasileiro**, São Paulo, v. 43, p. 143, jan./fev. 2010. p. 110.

b. "Esquecer" de informar ao outro genitor os compromissos da criança, ocasiões em que a presença dele seria muito importante.[52]
c. Fazer comentário "inocente", pejorativo em relação ao outro genitor.[53]
d. Telefonar incessantemente para a criança durante o período em que ela se encontra na companhia do outro genitor.[54]
e. Determinar o tipo de programa que o genitor (não alienador) poderá fazer com o menor.[55]
f. Falsas denúncias de abuso físico, emocional e até mesmo sexual.[56]
g. Baixa autoestima.[57]
h. Desrespeitar as regras.[58]
i. Resistência ao ser avaliado.[59]
j. Sentimentos de inveja, ciúmes.[60]
k. Apresenta o novo companheiro para a criança como sendo o seu novo pai ou nova mãe.[61]
l. Demonstra desagrado frente à manifestação de felicidade da criança em relação ao outro genitor.[62]
m. Transforma a criança em uma espiã da vida do ex-cônjuge.[63]

52 ULLMANN, Alexandra. Síndrome da alienação parental: a Justiça deve ter coragem de punir a mãe ou o pai que mente para afastar o outro genitor do filho menor. **Visão Jurídica**, n. 30, 2008. p. 65.

53 Ibid., p. 65.

54 Ibid., p. 65.

55 Ibid., p. 65.

56 TRINDADE, Jorge. Síndrome de alienação parental (SAP). In: DIAS, M. B. (Coord.). **Incesto e alienação parental**: realidades que a justiça insiste em não ver. São Paulo: Revista dos Tribunais, 2007. p. 104.

57 Ibid., p. 104.

58 Ibid., p. 104.

59 Ibid., p. 104.

60 Ibid., p. 104.

61 FONSECA, Priscila Maria Pereira Corrêa. Síndrome da alienação parental. **Revista Brasileira de Direito de Família**, Porto Alegre, v. 8, n. 40, fev./mar. 2007. p. 12.

62 Ibid., p. 12.

63 Ibid., p. 12.

n. Esconde ou cuida mal dos presentes que o genitor dá para a criança.[64]

o. Mudança de cidade, estado ou país a fim de subtrair a criança para si[65], ou seja, quando não há motivo algum para a mudança, senão afastar a criança do outro genitor.

Nesse contexto, existem outros termos para definir o genitor alienador, como: sociopata e sem consciência moral[66], possuidor de comportamento antissocial ou atípico[67], psicologicamente debilitado[68], patológico, mal adaptado e possuidor de disfunção[69].

As crianças apresentam uma valoração mais positiva em relação ao cônjuge guardião do que ao cônjuge que as visita esporadicamente, independentemente do sexo do genitor. A tendência é, sob conflito de lealdade, aliar-se àquela pessoa que oferece mais conforto momentâneo, assim como ao lado da pessoa que parece fornecer total dedicação ou, em contrapartida, vulnerabilidade. As crianças costumam ser muito protetoras de quem lhes parece em sofrimento, mesmo que esse não seja real. Em outras palavras, a criança tem desconforto em apresentar tristeza ou demonstrar que não está satisfeita e feliz quando o alienador incute que é tão bom para com ela e que se esmera tanto em fazê-la feliz. Com base nos inúmeros estudos realizados pela Psicologia a partir de 1980, verifica-se que as alianças mencionadas surgem com mais facilidade em caso de separação litigiosa. Essa situação de litígio, quando chega à Justiça, perdura durante anos, contribuindo para o afastamento da criança do

[64] FONSECA, Priscila Maria Pereira Corrêa. Síndrome da alienação parental. **Revista Brasileira de Direito de Família**, Porto Alegre, v. 8, n. 40, fev./mar. 2007. p. 12.

[65] MOTTA, Maria Antonieta Pisano. A síndrome da Alienação Parental. In: APASE (Org.). **Síndrome da alienação parental e a tirania do guardião**: aspectos psicológicos, sociais e jurídicos. Porto Alegre: Equilíbrio, 2007. p. 64.

[66] Ibid., p. 43.

[67] ULLMANN, Alexandra. Síndrome da alienação parental: a Justiça deve ter coragem de punir a mãe ou o pai que mente para afastar o outro genitor do filho menor. **Visão Jurídica**, n. 30, 2008. p. 64.

[68] TRINDADE, Jorge. **Manual de psicologia jurídica para operadores do Direito**. Porto Alegre: Livraria do Advogado, 2004. p. 156.

[69] SILVA, Denise Maria Perissini. **Psicologia jurídica no processo civil brasileiro**: a interface da psicologia com direitos nas questões de família e infância. São Paulo: Casa do Psicólogo, 2003. p. 86.

outro genitor. Além disso, é preciso destacar que a presença da SAP não é identificada somente em situações em que os genitores foram casados ou que viveram em união estável, mas também naquelas relações em que o único vínculo entre os pais sempre foi a criança.

Importante trazer à tona também a questão da guarda.

Verônica A. da Motta, Cesar Ferreira e Rosa Maria Stefanini de Macedo[70] afirmam que o compartilhamento dos pais na criação dos filhos é o desejo de crianças e adolescentes, seja o casal casado, separado ou divorciado, viva no mesmo domicílio ou em casas separadas. É importante, para os filhos, sentir que ambos os pais cuidam deles, protegem, que conversam a seu respeito e lhes dão parâmetros de vida coerentes.

Quando se trata desse instituto jurídico, logo se pensa no melhor interesse da criança. Só que surge a pergunta: no que consiste o melhor interesse da criança? Pode-se adiantar que se trata de uma noção imprecisa.

Simon Baron Cohen[71] diz que não se pode presumir que a mãe seja sempre a melhor pessoa para cuidar do filho, porque o pai pode ter a capacidade maravilhosa de empatia, entrando em sintonia com as necessidades da criança, o que talvez a mãe não consiga. Em geral, os juízes das Varas de Família presumem que a mãe é capaz de cuidar melhor da criança, mas estão enganados nesse pré-julgamento baseado em estereótipos.

Não demorou muito, surgiram críticas a essa concepção, afinal, se fosse levado em consideração tal posicionamento, acarretaria uma redução do interesse da criança a uma alternativa parental, resultando numa filiação unilateral. A guarda unilateral favorece o aumento das tensões, contribuindo para o desenvolvimento da SAP. Assim sendo, em contraponto, entrou em vigor a Lei da Guarda Compartilhada.

De acordo com o posicionamento de Leila Maria Torraca de Brito,

> A exigência de que se avalie quem representa melhores condições, conforme dispõe a lei, contribui sobremaneira com o incremento de tensões, angústias, hostilidades e agressividade entre as partes, com

[70] MOTTA, Verônica A. da; FERREIRA, Cesar; MACEDO, Rosa Maria Stefanini de. **Guarda compartilhada**: uma visão psicojurídica. Porto Alegre: Artmed, 2016. p. 32.

[71] COHEN, Simon. **A diferença essencial**: a descoberta sobre o cérebro de homens e mulheres. Rio de Janeiro: Objetiva, 2004. p. 26.

repercussões nefastas à nova forma de relacionamento necessária a pais e filhos após a separação. Arma-se o 'palco da discórdia', com cenário e roteiro definidos, restando aos autores a interpretação dos papéis já estabelecidos, quando o protagonista e o coadjuvante serão escolhidos em um concurso de habilidades. Despreza-se o fato de que está em jogo o futuro e o desenvolvimento de filhos comuns, colocados no lugar de 'pomo da discórdia', ou ainda levados a tomar partido de um dos pais. Situações que podem ecoar na forma de sintomas apresentados pelas crianças, decorrente de uma questão que não foi definida por elas, ou seja, o término do casamento de seus pais.[72]

Na disputa pela guarda, o juiz conta com a ajuda de psicólogos, que realizam avaliações e atendimentos, porém esses estudos são feitos de modo a avaliar individualmente os membros da família, para, no final, eleger um vencedor[73]. Diferentemente, a guarda compartilhada é apontada como o melhor modelo a ser adotado, tendo em vista que os genitores, pai e mãe, possuem autoridade parental. Ao se adotar esse modelo, não se trata mais de genitor visitante, permitindo, assim, que ambos os genitores possam participar de decisões importantes.

Quando pai e mãe discutem com respeito e educação, apesar de as emoções estarem exacerbadas, com atitudes que favoreçam a resolução dos problemas, com cuidado na exposição aos filhos, a discussão não parece causar tantos danos, podendo até servir aos filhos de modelo no desenvolvimento de habilidades de resolução de problemas ou enfrentamento.[74]

Com a entrada em vigor da Lei nº 11.698/10, o modelo de guarda unilateral não deixou de existir, mas passou a ser uma alternativa ao modelo de guarda compartilhada. A demora do processo judicial acaba afastando a criança do genitor visitante, por essa razão, mais uma vez, a guarda compartilhada aparece como um ponto positivo, pois, estando a guarda com ambos os pais, há uma dificuldade maior em colocar o

[72] BRITO, Leila Maria Torraca de. Impasses na condição da guarda e da visitação: o palco da discórdia. In: CONGRESSO BRASILEIRO DE DIREITO DE FAMÍLIA, 3., 2001, Ouro Preto. **Anais...** Ouro Preto, out. 2001. p. 3.

[73] SOUSA, Analicia Martins de. **Síndrome da alienação parental**: um novo tema nos juízos de família. São Paulo: Cortez, 2010. p. 43.

[74] GRYCH, J. H.; FINCHAM, F. D. Marital conflict and children's adjustment: a cognitive-contextual framework. **Psychological Bulletin**, v. 108, n. 2, p. 267-290, 1990.

filho contra o outro genitor. Entretanto, na prática, verifica-se que esse modelo só "funciona" diante da ausência de litígio, ou seja, quando há respeito mútuo entre os genitores, caracterizando uma relação pacífica.

Expresso de outra forma, deve-se atentar quando a criança faz menção de ficar com um dos genitores, mostrando ter por ele um profundo apego emocional, porque ela pode estar sendo refém desse genitor e apenas estar dizendo, frente ao juiz, o que o genitor incutiu na sua mente, sem ela perceber. Esse fato teria como consequência o aprisionamento da criança ao genitor que a influenciou.

Importante ressaltar que não dá para acreditar piamente na palavra da criança quando ela diz que não quer conviver com o genitor ausente e, por sua vez, o pai ou a mãe afastada deve perseverar na busca de contato a fim de não concretizar a ideia de abandono na criança, mesmo que sofra constante rejeição, o que não é fácil.

John M. Haynes e Marilene Marodin[75] citam um juiz da Vara de Família que desenvolveu uma declaração de direitos dos filhos em ações de separação ou divórcio. Esses direitos são:

a. o direito de ser tratado como uma pessoa interessada e afetada, e não como garantia, possessão ou bem de um ou ambos os pais;
b. o direito de crescer naquele ambiente doméstico que melhor possibilite à criança amadurecer para uma cidadania responsável;
c. o direito a amor, cuidado, disciplina e proteção diária do genitor que tem a custódia do filho;
d. o direito de conhecer ambos os genitores e ter o benefício do amor e da orientação deles por meio do acesso adequado;
e. o direito de um relacionamento positivo e construtivo com ambos os genitores, não sendo permitido a nenhum dos pais degradar ou rebaixar o outro na mente do filho;
f. o direito de ter valores éticos e morais desenvolvidos por preceitos e práticas e de ter limites determinados para comportamento, a fim de que, cedo na vida o filho, possa desenvolver disciplina e controle pessoal;

[75] HAYNES, John M.; MARODIN, M. **Fundamentos da mediação familiar**. Porto Alegre: Artes Medicas, 1996.

g. o direito de ter o mais adequado nível de apoio econômico que possa ser fornecido pelos esforços de ambos os pais;
h. o direito às mesmas oportunidades de educação que o filho teria tido se o lar não tivesse sido dissolvido.

Os filhos, portanto, não podem ficar em desvantagem, nem isso é o que bons pais desejam para seus filhos. Se os filhos forem vistos como instrumentos de barganha ou forem ignorados nas negociações, serão prejudicados.

2.2.2 Sinais da Alienação Parental

Com o avançar do estudo, há de se reconhecer que a SAP se manifesta por intermédio de uma campanha de difamação que a criança apresenta contra um dos genitores, sem nenhuma justificativa. Segundo Gardner, a criança é programada por um dos pais a odiar e rejeitar o outro genitor. Para configurar a síndrome, é fundamental a colaboração da criança, isto é, a criança passa a rejeitar um dos genitores. A seguir, descrevem-se condutas por meio das quais é possível identificar a alienação:

a. distanciamento: a criança, no final do ano, realizaria uma apresentação na escola, e a mãe não comunicou o pai. Nesse caso, a criança pensa que o pai não foi porque não quis, quando, na verdade, sequer ficou sabendo da existência do evento;
b. desmoralização: "teu pai é um canalha!";
c. culpa: a título exemplificativo, a criança sai com o pai e, quando chega a casa, encontra a mãe triste, essa, por sua vez, diz para a filha que está chateada porque esta a deixou sozinha. Assim, a criança sente-se culpada pela tristeza da mãe;
d. competição: o sonho da criança é ir ao "Marina Parque". Justamente no dia em que o pai vem buscá-la, afinal, é o seu final de semana, a mãe diz para a criança: "Logo hoje que eu iria te levar ao 'Marina Parque' você vai sair com seu pai?!"

É certo, pois, que os exemplos de sinais de alienação parental não se esgotam nas situações mencionadas, porém são suficientes para se verificar o quão prejudicial é essa conduta para a prole, como relata Madaleno:

> A maliciosa manipulação da indefesa mentalidade de uma criança ou adolescente constitui um dos mais perversos instintos do ser

humano, que não se importa com o mal que causa ao seu próprio filho ou familiar, considerando que também avós e parentes próximos podem atuar ativamente na obstrução do contato do filho com o outro ascendente.[76]

Como se pode perceber, o alienador exerce a sua influência sobre a criança de forma silenciosa e vai, gradativamente, alcançando os seus objetivos, que se resumem em eliminar os vínculos afetivos do filho com o genitor alienado; inicialmente, o alienador cria empecilhos nas visitas, sob a desculpa, com relativa frequência, de que a criança se encontra doente e assim, vai cada vez criando mais motivos e razões para dificultar ou eliminar o vínculo.

2.3 Diagnóstico da SAP segundo Gardner

na visão de Gardner, o diagnóstico da SAP deve ser realizado por meio de uma avaliação psicológica a que a criança e os seus genitores são submetidos, isto é, por intermédio de uma imposição judicial, tanto a criança como os seus pais seriam submetidos a um tratamento psicoterápico. Esse tratamento foi definido, por alguns autores, como Escudero, Aguilar e Cruz – autores da obra *La lógica Del síndrome de alienación parental*, de Gardner (2008) –, como "terapia da ameaça", levando-se em consideração as sanções às quais os membros da família seriam submetidos caso não se dispusessem a cooperar. Gardner menciona que o terapeuta deve ter acesso direto ao julgador, sendo suspensas as restrições éticas quanto ao sigilo por parte do profissional. Em outras palavras, não deve haver sigilo entre o juiz e o terapeuta.

Em tal situação, Gardner prioriza a avaliação individual, definindo um dos genitores como "programador" ou "alienador"; e o outro genitor, como alienado; os filhos, que sofrem a alienação, também recebem a mesma nomenclatura, "alienados".[77] Dessa forma, o diagnóstico é realizado por meio de diferentes sintomas que a criança apresentasse.

[76] MADALENO, Rolf Hanseen. **Curso de direito de família**. 4. ed. Rio de Janeiro: Forense, 2011. p. 448.

[77] SOUSA, Analicia Martins de. **Síndrome da alienação parental**: um novo tema nos juízos de família. São Paulo: Cortez, 2010. p. 104.

De acordo com essa concepção, os sintomas mais comuns apresentados pela criança vítima da alienação[78] são a campanha de difamação (criança agressiva); as racionalizações pouco conscientes, absurdas ou frívolas para a difamação; a falta de coerência; o pensamento independente, isto é, transmite a ideia de que a criança chega sozinha as suas conclusões; a ausência de culpa sobre a crueldade e/ou exploração do genitor alienado (sentimento de ódio expresso sem ambivalência); a presença de argumentos emprestados, são as chamadas "falsas memórias"[79]; a animosidade em relação aos amigos e/ou à família do genitor alienado (não quer se encontrar com o genitor alienado, defendendo sempre o genitor alienador).

2.3.1 *Níveis da Manifestação da SAP*

Diante da campanha de difamação da criança em relação a um dos genitores, é possível sustentar que a síndrome de alienação parental se manifesta em três níveis: a) leve: a criança apresenta manifestações superficiais[80], como o distanciamento; b) moderado: é considerado por Gardner o nível mais comum. A criança apresenta sintomas mais evidentes, como comentários depreciativos (desmoralização) contra o genitor alienado, que é tido como mau, enquanto o alienador é visto como bom. As visitas ocorrem mediante relutância, entretanto, na presença exclusiva do genitor alienado, a criança demonstra interesse na aproximação[81]; c) severo: a criança apresenta sintomas mais exacerbados, considerando que, muitas vezes, entra em pânico diante da hipótese de visitar o genitor alienado.[82] É nesse nível que ocorrem as falsas denúncias de abuso sexual contra o genitor alienado.

[78] GUAZZELLI, Mônica. A falsa denúncia de abuso sexual. In: DIAS, M. B. (Coord.). **Incesto e alienação parental**: realidades que a justiça insiste em não ver. São Paulo: Revista dos Tribunais, 2007. p. 130.

[79] Ou seja, conta casos que não viveu e, se viveu, jamais lembraria, são as chamadas "falsas memórias", como, por exemplo, "Não esqueci daquele tapa que você me deu quando eu tinha um ano e meio!" Ibid., p. 122.

[80] SOUSA, op. cit., p. 106.

[81] SOUSA, Analicia Martins de. **Síndrome da alienação parental**: um novo tema nos juízos de família. São Paulo: Cortez, 2010. p. 106.

[82] Ibid., p. 106.

Gardner considera muito importante identificar o nível da alienação para poder definir a medida que deverá ser aplicada ao alienador.

2.3.2 As Consequências da SAP

Quanto às consequências, em curto prazo, nas crianças vítimas da SAP, verifica-se o seguinte:

a. demonstra estado confusional;
b. acaba acreditando na mentira;
c. opta pelo alienador;
d. não consegue distinguir a realidade da fantasia.

A SAP pode resultar para a vítima da alienação, a criança, em uma série de consequências para a vida futura, como:

a. extinção da relação da criança com o genitor alienado;
b. distúrbios de personalidade;
c. dificuldades nas relações sociais;
d. reprodução do comportamento do genitor alienador.

Nas palavras de Priscila Fonseca[83]:

> Como decorrência, a criança passa a revelar sintomas diversos: ora apresenta-se como portadora de doenças psicossomáticas, ora mostra-se ansiosa, deprimida, nervosa e, principalmente, agressiva. [...] a depressão crônica, transtornos de identidade, comportamento hostil, desorganização mental e, às vezes, o suicídio. [...] a tendência ao alcoolismo e ao uso de drogas também é apontada como consequência da síndrome. [84]

Jorge Trindade segue no mesmo entendimento e acrescenta ainda o medo, o isolamento, o transtorno de identidade, o sentimento de desespero, a culpa e a dupla personalidade[85].

[83] ZULIANI, Ênio Santarelli. Guarda compartilhada e visitas: a nova perspectiva de impor sanções por violações ao direito de ter o filho em sua companhia ou de visitá-lo, como estabelecido. **Revista Lex do Direito Brasileiro**, São Paulo, v. 43, p. 143, jan./fev. 2010. p. 107-108.

[84] FONSECA, Priscila Maria Pereira Corrêa. Síndrome da alienação parental. **Revista Brasileira de Direito de Família**, Porto Alegre, v. 8, n. 40, fev./mar. 2007. p. 10.

[85] TRINDADE, Jorge. Síndrome de alienação parental (SAP). In: DIAS, M. B. (Coord.). **Incesto e alienação parental**: realidades que a justiça insiste em não ver. São Paulo: Revista dos Tribunais, 2007. p. 104.

2.4 Quanto à punição ao genitor alienador

No tocante à punição ao genitor alienador, deve-se ressaltar o entendimento de Caetano Lagrasta[86]:

> O alienador, é sim, um torturador e assim, deve ser analisado não de forma a postergar indefinidamente um julgamento, mas punido através da aplicação dos mecanismos trazidos pela lei de alienação parental, não de forma progressiva, mas, desde logo, a partir da constatação de alienação e intensidade do dolo.[87]

O psiquiatra norte-americano recomenda ao genitor alienador, como forma de punição, dependendo do caso:

a. redução no valor da pensão alimentícia destinada à/ao ex-cônjuge;
b. perda da guarda dos filhos – somente em nível severo;
c. a detenção do genitor em sua própria casa durante algum tempo, principalmente nos dias de visita do genitor não guardião;
d. colocação de transmissores eletrônicos no tornozelo do genitor alienador para rastrear a sua aproximação com a criança;
e. suspensão de qualquer contato com as crianças;
f. pagamento de multa;
g. em casos mais severos, a prisão do alienador.

Segundo Gardner, associadas a essas medidas, deve haver também:

a. a imposição judicial de tratamento psicoterápico;
b. a utilização de ameaças acerca de medidas judiciais que podem recair sobre os membros da família, caso eles não se comprometam com o tratamento. É a chamada "terapia da ameaça".

Gardner recomenda que o terapeuta analise como era a relação da criança com o genitor alienado antes da separação do casal, se havia um

[86] Desembargador, Presidente da Coordenadoria de Estudos Planejamento e Acompanhamento de Projetos legislativos do Tribunal de Justiça do Estado de São Paulo.

[87] CAETANO, L. De todas as mortes: a morte. In: MINAS, A.; VITORINO, D. (Org.). **A morte inventada**: alienação parental em vozes e ensaios. São Paulo: Saraiva, 2014. p. 104.

vínculo forte, bem como se os sinais de animosidade apresentados, após a separação, são apenas superficiais.[88]

Nessa perspectiva, o tratamento da criança, para Gardner, funciona como uma espécie de desprogramação. Nesse processo de desprogramação, o genitor alienado assume o papel de auxiliar do terapeuta, buscando mostrar para a criança que as acusações que versam sobre a sua pessoa são irreais.[89]

Entre os autores nacionais, como Dias e Ullmann, a punição ao genitor alienador é tida como indispensável, considerando que o alienador se aproveita da criança para se vingar do outro genitor, responsabilizando-o por fatos que são difíceis de ser apurada a veracidade.[90] Na visão de Ullmann, a punição deve existir não somente para educar, mas também para preservar a criança.[91] Nesse sentido, deve-se atentar para as medidas punitivas previstas na Lei nº 12.318/2010. Entretanto, importante ressaltar que toda medida tomada contra os pais refletirá nas crianças.

É relevante destacar que muitas alienações são produzidas por pessoas portadoras de doenças mentais ou desvios de conduta, mas que não justificam o prejuízo à saúde da criança. Outra grande dificuldade é que a alienação acontece de forma velada, dentro do lar. Há um movimento silencioso e sorrateiro nas pequenas coisas do dia a dia. Toda desqualificação geralmente vem recheada com uma significativa carga de emoções de chantagem emocional. A jornalista e escritora carioca Marta Mendonça ressalta: "Que criança consegue se defender disso? Quantos filhos intuem que estão sendo manipulados pela pessoa que lhes dá teto, comida, afeto e cuidados?[92]

88 SOUSA, Analicia Martins de. **Síndrome da alienação parental**: um novo tema nos juízos de família. São Paulo: Cortez, 2010. p. 115.

89 Ibid., p. 118.

90 DIAS, Maria Berenice. Síndrome da alienação parental: o que é isso? In: APASE (Org.). **Síndrome da alienação parental e a tirania do guardião**: aspectos psicológicos, sociais e jurídicos. Porto Alegre: Equilíbrio, 2007. p. 17.

91 ULLMANN, Alexandra. Síndrome da alienação parental: a Justiça deve ter coragem de punir a mãe ou o pai que mente para afastar o outro genitor do filho menor. **Visão Jurídica**, n. 30, 2008. p. 64.

92 MENDONÇA, M. Filhos: amar é compartilhar. In: MINAS, A.; VITORINO, D. (Org.). **A morte inventada**: alienação parental em vozes e ensaios. São Paulo: Saraiva, 2014. p. 111.

No que diz respeito ao sigilo profissional do tratamento terapêutico, autores como Trindade mencionam que as regras de sigilo profissional nesse tipo de tratamento, ou seja, em caso de alienação parental, devem ser relativizadas, tendo em vista que a existência do processo judicial estabelece um dever que se sobrepõe ao interesse individual de uma das partes. Logo, nessas situações, o psicólogo poderá fornecer informações obtidas no decorrer do tratamento por requisição do juiz, do promotor e dos advogados das partes, não violando os preceitos éticos da profissão.[93]

2.5 A crítica a Gardner

Como já referido, o desenvolvimento da teoria da SAP não foi baseado em estudos e pesquisas científicas sobre o assunto, mas nos próprios argumentos do autor a partir de atendimentos clínicos, bem como de casos em que atuou como avaliador para a Justiça.[94] Somado a esse fator, constata-se que o autor desconsiderou as pesquisas acerca da separação conjugal e da guarda dos filhos já existentes. Expresso em outros termos, a sua teoria é fundamentada em seus próprios estudos, nas experiências vividas em seu consultório. A mais relevante crítica feita à teoria de Gardner reside no fato de que ele estuda a temática de forma individual, por meio de casos isolados, deixando de lado o contexto histórico-social em que os membros da família estão situados. Dito de outra forma, as condições histórico-culturais, econômicas e políticas não são levadas em consideração na sua reflexão.[95]

Assim posto, como a SAP é difundida de forma muito rápida através dos meios de comunicação, a população passa a encará-la como uma verdade unilateral e absorve-a sem questionar. Portanto, parece haver uma "patologização", isto é, é mais fácil identificar o surgimento de uma síndrome do que examinar o cenário em que isso vem acontecendo.

[93] TRINDADE, Jorge. **Manual de psicologia jurídica para operadores do Direito**. Porto Alegre: Livraria do Advogado, 2004. p. 168.

[94] SOUSA, Analicia Martins de. **Síndrome da alienação parental**: um novo tema nos juízos de família. São Paulo: Cortez, 2010. p. 123.

[95] Ibid., p. 111.

A crítica paira no sentido de que os sintomas apontados seriam superficiais. Logo, em vez de analisar os sintomas infantis, o mais indicado seria questionar a existência de fenômenos sociais que contribuem para o surgimento de determinados comportamentos apresentados pelas crianças e pelos seus responsáveis frente ao litígio conjugal.[96] Nesse sentido, a crítica não tem a pretensão de excluir a existência de patologias. A questão crucial é que, atualmente, verifica-se uma banalização dessas patologias nos conflitos conjugais. Em outras palavras, tudo está associado a uma síndrome. Assim sendo, isso pode resultar em situações ainda mais complicadas, afinal, um dos genitores terá de provar que não é um "alienador", atestando a sua sanidade mental, bem como a criança também será submetida à avaliação.[97]

No entendimento de Raquel Ribeiro de Souza, de acordo com o DSM V (Manual Diagnóstico e Estatístico dos Transtornos Mentais), abuso psicológico é definido como

> Atos verbais ou simbólicos, não acidentais, praticados por genitores ou responsáveis por uma criança, que resultam, ou têm potencial razoável para resultar em danos psicológicos significativos para a criança. Os prejuízos se dão em função: atribuições negativas das intenções do outro, a hostilidade ou bode expiatório do outro e sentimentos indevidos de alienação.[98]

Como se pode observar, gerando outra polêmica, é o fato de que a SAP não possui reconhecimento oficial. Em outras palavras, não consta na atual versão do *Manual Diagnóstico e Estatístico de Transtornos Mentais (DSM-V)*.

As Medidas de Prevenção colocadas em primeiro plano antes da punição são assim elencadas:

96 ZULIANI, Ênio Santarelli. Guarda compartilhada e visitas: a nova perspectiva de impor sanções por violações ao direito de ter o filho em sua companhia ou de visitá-lo, como estabelecido. **Revista Lex do Direito Brasileiro**, São Paulo, v. 43, p. 143, jan./fev. 2010. p. 105.

97 ZULIANI, Ênio Santarelli. Guarda compartilhada e visitas: a nova perspectiva de impor sanções por violações ao direito de ter o filho em sua companhia ou de visitá-lo, como estabelecido. **Revista Lex do Direito Brasileiro**, São Paulo, v. 43, p. 143, jan./fev. 2010. p. 190.

98 MINAS, A.; VITORINO, D. (Org.). **A morte inventada**: alienação parental em vozes e ensaios. São Paulo: Saraiva, 2014. p. 128.

a. implementação de estratégias no meio social, como mediação familiar, grupos de apoio e produção de literatura popular. (É o que já fazem países como Suécia, França e Canadá, pois utilizam medidas no campo social e legislativo);
b. a atuação dos psicólogos junto às Varas de Família não deveria ser voltada a achar um "vencedor", mas trabalhar os conflitos familiares para que se possa alcançar uma solução para a problemática[99], visando a estabelecer um acordo entre os ex-cônjuges acerca dos filhos, antes da audiência. Assim, as partes não se submetem à sentença, mas a escrevem. O cerne das avaliações não deve ser a avaliação individual, e sim a dinâmica da família;
c. é necessária uma intervenção, não apenas no campo jurídico, mas também nos campos social e político. Logo, faz-se presente a necessidade de afirmação da importância dos papéis de pai e de mãe;
d. a existência de políticas públicas para amparar as famílias que enfrentam o divórcio.

Apesar das críticas à teoria de Gardner, deve-se reconhecer que o grande mérito dela é a associação entre o Direito e a Psicologia. Esse fato leva a minimizar os prejuízos nos filhos, mas minimiza também, há longo prazo, o dos pais. Esse encontro "facilita" acordos que, em determinados momentos, podem não estar sendo possíveis e, dessa forma, Direito e Psicologia vêm para intervir e auxiliar a reestruturar, reforçando as questões de paternidade/maternidade. As crianças, afirmam Connel e Melvyn Kinder[100], não têm como julgar se comportamentos são saudáveis ou não justificáveis, distorcidos e impróprios, uma vez que as crianças simplesmente observam e aprendem.

Eduardo de Oliveira Leite declara que, muitas vezes, esses casos são tratados com descaso, senão com superficialidade por advogados e demais operadores do Direito. Na sua visão:

[99] SOUSA, Analicia Martins de. **Síndrome da alienação parental**: um novo tema nos juízos de família. São Paulo: Cortez, 2010. p. 47.

[100] MANFRO, Cristina M. Mulher. **Do rosa bebê ao rosa choque**. Qual é o seu tom?. Porto Alegre: Alcance, 2009. p. 54.

> A facilidade com que se emitem pareceres e decisões em processos desta gravidade é estarrecedora. E esta facilidade, superficialidade – na minha ótica – não decorre só da necessidade premente com que se deve dar andamento aos processos (argumento sempre invocado pelos operadores do direito), mas sobretudo, decorre da falta de conhecimento, real, profundo e detalhado, dos efeitos nefastos e comprometedores que acompanham eternamente as vítimas mais diretas da alienação parental, a saber, os filhos e o genitor alienado (quer o pai, quer a mãe.).[101]

Na realidade, ratificando o entendimento de Eduardo de Oliveira Leite, o que poderia contribuir para um resultado positivo seria o aperfeiçoamento dos profissionais do Direito acerca não somente da alienação parental, mas também no tocante à guarda compartilhada, pois, desde a sua entrada em vigor, em 2008, há advogados e juízes confundindo, em um erro grosseiro, guarda compartilhada com guarda alternada, modelo este inexistente no ordenamento jurídico brasileiro.

2.6 Uma reflexão prática sobre a Lei nº 12.318/2010 antes da entrada em vigor da Lei nº 14.340/2022

Embora a prática da alienação parental exista, mesmo antes da entrada em vigor do divórcio, passou a ter respaldo legal somente em 2010, com a entrada em vigor da Lei nº 12.318. Antes disso, a alienação parental era interpretada pelos magistrados como provocações corriqueiras de casais que se encontravam em disputa judicial. Entretanto, foi com o avanço da guarda compartilhada que essa problemática conquistou os holofotes. Nesse contexto, passa-se a analisar os dispositivos trazidos pela referida lei.

> O PRESIDENTE DA REPÚBLICA
>
> Faço saber que o Congresso Nacional decreta e eu sanciono a seguinte Lei:
>
> Art. 1º Esta Lei dispõe sobre a alienação parental.

[101] LEITE, Eduardo de Oliveira. **Alienação parental**: do mito à realidade. São Paulo: RT, 2015. p. 16.

O primeiro artigo não exige maior atenção, uma vez que trata apenas da natureza da legislação, ou seja, da alienação parental. Por sua vez, assim preceitua o artigo seguinte:

> Art. 2º Considera-se ato de alienação parental a interferência na formação psicológica da criança ou do adolescente promovida ou induzida por um dos genitores, pelos avós ou pelos que tenham a criança ou adolescente sob a sua autoridade, guarda ou vigilância para que repudie genitor ou que cause prejuízo ao estabelecimento ou à manutenção de vínculos com este.

Como se pode perceber, no artigo segundo, o legislador conceitua o que vem a ser alienação parental, a qual pode ocorrer não somente entre pais e filhos, mas também com avós, quando estes participam ativamente da vida dos netos, cuidando deles. Todavia, essa prática pode ser exercida também por outras pessoas, que não os genitores ou avós, mas que igualmente exerçam a guarda ou autoridade perante as crianças e/ou adolescentes. Essa última hipótese é mais comum naqueles casos em que os pais acabam se utilizando de outras pessoas para cuidarem de seus filhos para que possam trabalhar e atender aos compromissos profissionais. Vale ressaltar que qualquer uma das pessoas mencionadas, ou seja, genitores, avós ou qualquer outra pessoa que exerça as responsabilidades parentais podem ocupar tanto o polo ativo quanto o passivo da demanda judicial.

Assim, além de ampliar o rol de pessoas que podem ser alienadoras, não sendo reduzido apenas aos genitores, o legislador não menciona gênero, apesar de se saber que a alienação parental é mais comum na relação mãe-filho, em razão de que, até dezembro de 2014, a guarda, preferencialmente, era concedida à mãe, posicionamento esse que veio se modificando de forma tímida, porém conquistando avanços perante a chamada nova Lei da Guarda Compartilhada (Lei nº 13.058/2014), que entrou em vigor em 2014, fazendo com que esse modelo de guarda passasse a ser o padrão, e a unilateral, a exceção.

> Parágrafo único. São formas exemplificativas de alienação parental, além dos atos assim declarados pelo juiz ou constatados por perícia, praticados diretamente ou com auxílio de terceiros:

Já nos incisos do parágrafo único, passa-se a exemplificar condutas de alienação parental, ressaltando-se que se trata de exemplos típicos, mas não representam todas as formas de como essa prática se manifesta.

I - realizar campanha de desqualificação da conduta do genitor no exercício da paternidade ou maternidade;

[...].

Possivelmente, desqualificar o outro genitor consiste na primeira atitude de alienação, podendo ser exemplificada na frase: "Teu pai não vale nada", lançando assim uma imagem negativa do genitor perante a criança. A referida frase, sendo repetida diariamente, tornar-se-á, para o filho, uma verdade. Nas palavras de Eduardo de Oliveira Leite:

> A repetição corresponderia ao que Gardner chamou de 'lavagem cerebral'. A mensagem é repetida até ser considerada verdadeira. Se o alienador repete incessantemente que o outro cônjuge é 'mau', por esta ou por aquela razão, ou se repete que o outro cônjuge é perigoso, a criança, após uma reação contrária, acaba se convencendo da veracidade do argumento invocado. À reação inicial sucede a capitulação total ao alienador que consegue levantar as barreiras naturais decorrentes da consanguinidade e da afetividade.[102]

Inclui-se na campanha de desqualificação a exaltação de um suposto erro do outro genitor, fazendo com que a criança fique frustrada, como, por exemplo, "Não posso comprar essa boneca que você quer, pois seu pai não depositou o dinheiro da pensão neste mês".

II - dificultar o exercício da autoridade parental;

[...].

A autoridade parental está relacionada ao exercício da responsabilidade dos genitores em relação à prole, conforme traz a redação do art. 1.634 do Código Civil Brasileiro, em que se incorpora a direção da criação, da educação e da guarda. Logo, o inciso II refere-se ao fato de a conduta do genitor alienador dificultar o exercício do poder familiar do outro genitor. Ou seja, o genitor alienado passa a ter dificuldade em participar da vida do filho. Essas atitudes podem ser exemplificadas por meio da recusa em passar as chamadas telefônicas do filho, ou deixar de avisar o outro genitor da apresentação de final de ano das crianças na

[102] LEITE, Eduardo de Oliveira. **Alienação parental**: do mito à realidade. São Paulo: RT, 2015. p. 268.

escola. Em outras palavras, o alienador exerce o poder familiar de forma unilateral, decidindo a escola em que a criança estudará, a língua estrangeira que aprenderá, o esporte que praticará ou a religião que seguirá. Isso quando não apresenta seu/sua novo(a) companheiro(a) como sendo o/a pai(mãe) da criança, deixando esta ainda mais confusa.

> III - dificultar contato de criança ou adolescente com genitor; [...].

A companhia e a guarda dos filhos estão inseridos no poder familiar. Dessa convivência decorre o amor entre pais e filhos que vai sendo construído dia a dia. Assim, no momento em que o alienador passa a criar empecilhos, dificultando o contato entre a criança e o outro cônjuge, cria-se um distanciamento entre ambos. Essa situação pode ser verificada por intermédio da manifestação contrária do alienador em deixar a criança pernoitar na casa do outro genitor. Entretanto, o afastamento do pernoite se justifica quando a criança ainda for amamentada. Além disso, quando se trata de crianças de tenra idade (considerada pela Psicologia quatro a cinco anos), ainda há possibilidade de afastamento do pernoite em razão da dependência da criança dos cuidados maternos.[103]

[103] AGRAVO DE INSTRUMENTO. AÇÃO DE GUARDA CUMULADA COM REGULAMENTAÇÃO DE VISITA. TUTELA ANTECIPADA. AMPLIAÇÃO DO DIREITO DE VISITA. 1. Toda criança tem direito ao amplo convívio com ambos os genitores, condição necessária ao salutar desenvolvimento intelectual, social e afetivo da criança. 2. Impossibilidade de se restringir o convívio entre o genitor e seu filho, que só ocorrerá na hipótese de restar comprovado que a situação possa ser prejudicial ao menor. 3. A pouca idade do menor implicou, em um primeiro momento, inclusive pela necessidade de amamentação, na impossibilidade de afastamento da criança de sua genitora, todavia, hoje o menor possui oito meses e já ultrapassou a fase de amamentação exclusiva, sendo perfeitamente possível o afastamento da residência da mãe, principalmente, diante do clima de animosidade estabelecido entre os genitores, evitando transtornos futuros. 4. Reforma da decisão agravada para fixar a visitação do pai ao filho, semanalmente, por dois dias, às segundas-feiras e quartas-feiras, das 18:00h às 19:30h, sem necessidade de acompanhamento da genitora ou qualquer outra pessoa e fora do lar materno. PROVIMENTO DO RECURSO. RIO DE JANEIRO. Tribunal de Justiça. **AI nº 00645808320138190000 RJ 0064580-83.2013.8.19.0000**. Vigésima Primeira Câmara Cível. Relatora: Des. Mônica de Faria Sardas. Julgado em: 18 fev. 2014. AGRAVO DE INSTRUMENTO. AÇÃO DE GUARDA CUMULADA COM REGULAMENTAÇÃO DE VISITA. TUTELA ANTECIPADA. AMPLIAÇÃO DO DIREITO DE VISITA. 1. Toda criança tem direito ao amplo convívio com ambos os genitores, condição necessária ao salutar desenvolvimento intelectual, social e afetivo da criança. 2. Impossibilidade de se restringir o convívio entre o genitor e sua filha, que só ocorrerá na hipótese de restar comprovado que a situação possa ser prejudicial a menor. 3. Criança que conta com seis meses

Todavia, se depender da mãe alienadora, desde o momento em que a criança deixar o aleitamento materno, até o que se poderia chamar de final da tenra idade, a genitora sempre sustentará que a criança depende totalmente dela, simplesmente para impedir o convívio com o outro genitor, como se este não tivesse competência para cuidar da criança sem ter a mãe por perto.

Percebe-se um grande preconceito em relação aos cuidados paternos, que podem se mostrar tão ou mais eficazes do que o cuidado materno, principalmente, se essa mãe estiver vivenciando uma desregulação emocional ou se encontrar vulnerável pela separação. Os pais cada vez têm se mostrado mais competentes, participativos e engajados nas questões dos filhos. A quebra de paradigmas é fundamental nesse sentido, sabendo que a evolução da cultura não é fácil, mas requer reajustes. É muito mais difícil para os adultos se adaptarem a essas situações do que para as crianças. Dependendo do que é dito, dependendo de que tipo de preparação a criança recebe e se ela está situada sobre o que está acontecendo e sobre o que a espera, ela terá mais possibilidades de se adaptar. Já a imprevisibilidade é algo profundamente desestabilizador e assustador.[104]

Nesse sentido, no momento em que a convivência com a criança é dificultada, isso certamente gerará consequências emocionais futuras, até porque a ausência de um dos genitores na vida do filho trata-se de um tempo que não volta mais. O prejuízo de ver o tempo e um momento da vida desperdiçados pela ausência é doloroso em qualquer sentido, tanto para pais como para os filhos. Em qualquer etapa da vida, a presença das figuras significativas e relevantes é essencial. A presença da pessoa na ausência é algo muito triste e doloroso. Poucas pessoas se dão conta

de idade e está frequentando a creche. Possibilidade de afastamento da residência da mãe, pois a genitora já retornou às suas atividades e não está mais amamentando. 4. Reforma da decisão agravada para fixar a visitação do pai à filha em fins de semana alternados, aos sábados (como fixada no Juízo a quo) e aos domingos, das 14hs às 17hs, bem como, semanalmente, às quintas-feiras, das 8hs às 10hs, sem necessidade de acompanhamento da genitora ou qualquer outra pessoa. PROVIMENTO DO RECURSO. RIO DE JANEIRO. Tribunal de Justiça. **AI nº 00453115820138190000 RJ 0045311-58.2013.8.19.0000**. Vigésima Primeira Câmara Cível. Relatora: Des. Mônica de Faria Sardas. Julgado em: 03 dez. 2013.

104 MANFRO, M. C. F. **O impacto do divórcio nas crianças e adolescentes**. Belo Horizonte: CONCRIAD, 2015.

do quanto se tornam presentes quando não estão. A falta pode tornar a pessoa mais presente do que se ela estivesse no momento. Mas, isso nem sempre é visto, muito menos colocado como relevante por figuras que fazem questão de manterem certas pessoas longe, mesmo que estas pessoas sejam fundamentais para seus filhos. Dessa forma, visando a dificultar o contato do genitor alienado com a criança, o genitor alienador permite a proximidade de forma limitada, escondendo-se por de trás de inúmeras falsas desculpas, como, por exemplo, dizendo que a criança se encontra indisposta ou dormindo no momento em que o alienado vem buscá-la.

> [...]
>
> IV - dificultar o exercício do direito regulamentado de convivência familiar;
>
> [...]

Para obter o enfraquecimento da convivência familiar, verifica-se, em um primeiro momento, a tentativa do genitor programador de frustrar o encontro entre o genitor alienado e o filho, ou seja, o alienador sabe que naquele dia o outro genitor possui uma reunião importante e, mesmo assim, diz para a criança ligar para o alienado para visitá-lo, o qual não pode vê-lo em função do compromisso profissional. O alienador, por sua vez, diz para a criança: "Não te falei que teu pai nunca tem tempo para você!?" Se essa estratégia não tiver êxito, passa-se para o segundo passo, a ameaça: "Se você sair com a namorada de seu pai, pode esquecer a sua mãe!"[105]

> [...]
>
> V - omitir deliberadamente a genitor informações pessoais relevantes sobre a criança ou adolescente, inclusive escolares, médicas e alterações de endereço;
>
> [...]

A omissão de informações importantes acerca da criança vai aos poucos, mas de forma progressiva, arruinando a relação entre o genitor

[105] LEITE, Eduardo de Oliveira. **Alienação parental**: do mito à realidade. São Paulo: RT, 2015. p. 278.

alienado e a criança. Um exemplo típico é quando o alienador deixa de avisar o outro genitor de uma apresentação na escola ou um campeonato do qual a criança participará. Ao não ver o genitor na plateia, a criança fica totalmente desapontada, afinal, o pai/mãe não compareceu. Todavia, sequer imagina que o genitor não compareceu porque o alienador propositalmente deixou de avisá-lo.

> [...]
>
> VI - apresentar falsa denúncia contra genitor, contra familiares deste ou contra avós, para obstar ou dificultar a convivência deles com a criança ou adolescente;
>
> [...]

Nesse inciso, está-se diante da mais grave conduta do alienador: a falsa acusação de abuso sexual, que tende a dilacerar o contexto familiar. Isso porque a dificuldade está em verificar a mera suspeita e a ocorrência propriamente dita. Em se tratando de uma falsa denúncia, até essa ser averiguada, já foram determinadas medidas de suposta proteção à criança, resultando na suspensão das visitas do genitor alienado ao seu filho. Todavia, já existem posicionamentos no sentido de não suspender a visitação até o recebimento da avaliação psicológica.[106]

[106] REGULAMENTAÇÃO DE VISITAS - ACUSAÇÕES DE OCORRÊNCIA DE ABUSOS SEXUAIS DO PAI CONTRA OS FILHOS - AUSÊNCIA DE PROVA - SÍNDROME DA ALIENAÇÃO PARENTAL CARACTERIZADA - DESPROVIMENTO DO RECURSO. É indispensável a fixação de visitas ao ascendente afastado do constante convívio com os filhos, em virtude do fim do casamento dos pais, conforme prescreve os artigos 1589 e 1632 do Código Civil. A prática de abusos sexuais deve ser cabalmente comprovada, sob pena de inadmissível afastamento do pai da criação da prole, medida esta que culmina em graves e até mesmo irreversíveis gravames psíquicos aos envolvidos. O conjunto probatório que não demonstra o abuso sexual sustentado pela genitora, com autoria atribuída ao pai dos infantes, aliada às demais provas que comprovam a insatisfação dos filhos com o término do relacionamento do casal, inviabiliza a restrição do direito de visitas atribuído ao ascendente afastado da prole, mormente diante da caracterização da síndrome da alienação parental. MINAS GERAIS. Tribunal de Justiça. **Apelação Cível nº 1.0024.08.984043-3/004**. Sexta Câmara Cível. Relator: Des. Edilson Fernandes. Julgado em: 24 set. 2010.

DIREITO DE VISITAS. PAI. ACUSAÇÃO DE ABUSO SEXUAL. PEDIDO DE SUSPENSÃO. SUSPEITA DE ALIENAÇÃO PARENTAL. INTENSA BELIGERÂNCIA. PEDIDO DE AMPLIAÇÃO PARA CONTEMPLAR DATAS ESPECIAIS. 1. Como decorrência do poder familiar, o pai não-guardião tem o direito de conviver com a filha, acompanhando-lhe a educação, de forma a estabelecer com ela um vínculo afetivo saudável. 2. A criança está vitimizada, no

Assim, ainda que exista um forte indicativo de abuso sexual, as visitas devem ocorrer, porém de forma monitorada, para que o profissional da equipe interdisciplinar possa avaliar a relação entre o genitor alienado e o filho. Entretanto, em caso de confirmação de abuso sexual, as visitas devem ser suspensas, conforme menciona Ana Maria Iencarelli: "[...] este convívio deve ser suspenso para o restabelecimento da saúde psicológica da criança, e esta suspensão deve seguir critérios que considerem, primeiramente, a vontade do filho ou da filha, mediante a sua possível reabilitação".[107] Em sede de abuso sexual comprovado, a jurisprudência majoritária tem se manifestado no sentido de destituir ou suspender o poder familiar do abusador.[108]

centro de um conflito quase insano, onde a mãe acusa o pai de abuso sexual, e este acusa a mãe de promover alienação parental, devendo os fatos serem esclarecidos ao longo da fase cognitiva. 3. As visitas estão estabelecidas e ficam mantidas devendo assim permanecer até que venham aos autos elementos de convicção que justifiquem a revisão. 4. Descabe a pretendida ampliação do sistema de visitação, pois o horário fixado na decisão recorrida mostra-se bastante razoável e permite o contato saudável entre o genitor e a criança, levando em conta a tenra idade desta. 5. A intensa beligerância desaconselha, nesse momento, modificações. Recurso desprovido. RIO GRANDE DO SUL. Tribunal de Justiça. **AG nº 70052347887 RS**. Sétima Câmara Cível. Relator: Sérgio Fernando de Vasconcellos Chaves. Julgado em: 03 dez. 2012.

107 IENCARELLI, Ana Maria Brayner. **Abuso sexual**: uma tatuagem na alma de meninos e meninas. São Paulo: Sagodoni, 2013. p. 114.

108 APELAÇÃO CÍVEL. ECA. DESTITUIÇÃO DO PODER FAMILIAR. ELEMENTOS PROBATÓRIOS QUE COMPROVAM O ABUSO SEXUALPERPETRADO PELO GENITOR EM RELAÇÃO À FILHA. SITUAÇÃO AUTORIZADORA DO DECRETO DE PERDA DO PODER FAMILIAR. INTELIGÊNCIA DO ART. 1.638 , INC. III , DO CÓDIGO CIVIL . Estando presentes nos autos provas contundentes acerca dos abusos sexuais praticados pelo demandado contra a filha, que à época possuía apenas 4 anos de idade, somadas à indiferença do genitor para com a infante depois que a mesma foi acolhida institucionalmente, a situação estampada nestes autos induvidosamente autoriza o decreto de destituição do poder familiar, com fulcro no art. 1.638 , inciso III , do Código Civil . Desse modo, não merece qualquer reparo a sentença atacada, que deve ser mantida por seus próprios e jurídicos fundamentos, uma vez que é evidente a inadequação do apelante para o exercício do poder parental. NEGARAM PROVIMENTO. UNÂNIME. RIO GRANDE DO SUL. Tribunal de Justiça. **Apelação Cível nº 70055409098**. Oitava Câmara Cível. Relator: Luiz Felipe Brasil Santos. Julgado em: 31 out. 2013.

APELAÇÃO. AÇÃO DE SUSPENSÃO DO PODER FAMILIAR. ESTATUTO DA CRIANÇA E DO ADOLESCENTE. PRÁTICA DE ATOS CONTRÁRIOS À MORAL E AOS BONS COSTUMES. ABUSO SEXUAL DO GENITOR CONTRA A FILHA. PROCEDENCIA DO PEDIDO. MANUTENÇÃO DA SENTENÇA. - A DEMONSTRAÇÃO SEGURA DO CONJUNTO PROBATÓRIO, NO SENTIDO DA OCORRÊNCIA DA PRÁTICA DE VIOLÊNCIA SEXUAL DO GENITOR CONTRA A FILHA, JUSTIFICA A SUSPENSÃO DO PODER FAMILIAR, A TEOR DOS ARTIGOS 24 DO ECA E 1.637 E 1.638 DO CÓDIGO

A forma como o alienador traz para a realidade da criança as falsas denúncias de abuso sexual pode ser exemplificada por meio da situação narrada por Mônica Guazelli, citada na obra de Eduardo de Oliveira Leite:

> A cena se passa quando a mãe está dando banho na filha e conversa: 'Minha filhinha, o papai te dá banho e também lava a tua pererequinha que nem a mamãe? Não lembro', pode responder a filha; contudo a mãe convence a filha de que e de com o papai faz, e a criança acaba, até porque é sugestionável, concordando. Aproveitando-se da sujeição da criança, a descrição realizada pela mãe vai ficando cada vez mais detalhada, sem, é claro, que a criança se aperceba da gravidade daquilo. 'Mas então', diz a mãe, 'o papai põe a mão em você e fica esfregando para limpar bem?' E a criança acabará respondendo: 'sim'. Depois, de tanto a mãe repetir essa história, a narrativa acabará se transformando numa realidade para a criança, pois de fato o pai, quando exerce a visitação, costuma auxiliar a filha na rotina do banho.[109]

Essa narrativa, repetida por diversas vezes, acabará resultando, quando questionada a criança, na seguinte resposta: "Quando papai me dá banho, ele lava a minha perereca e fica esfregando bastante para limpar bem...".[110] Ou seja, a situação narrada ganha uma roupagem real, quando na realidade não passa de algo produzido intencionalmente. A consequência disso, quando chega às Varas de Família, é o suprimento da visitação baseado em apenas um dos lados da moeda, isto é, na narração da criança influenciada pela genitora, bem como no depoimento desta.

Não se quer aqui mascarar a incidência do abuso sexual, até porque esse se trata de uma triste realidade que se faz presente, entretanto são casos que devem ser tratados com cautela a fim de averiguar o contexto em que essas acusações são realizadas, para que se possa evitar qualquer injustiça que resultaria na destruição de relações familiares. Isso sem contar a demora de um processo judicial em que se analisa o suposto

CIVIL. - RECURSO IMPROVIDO. UNÂNIME. DISTRITO FEDERAL. Tribunal de Justiça. **APE nº 2528720078070001 DF 0000252-87.2007.807.0001**. Sexta Turma Cível. Relator: Otávio Augusto. Julgado em: 07 out. 2009. p. 81.

109 LEITE, Eduardo de Oliveira. **Alienação parental**: do mito à realidade. São Paulo: RT, 2015. p. 288.

110 Ibid., p. 288.

abuso e, ao final, depois de transcorrido muito tempo, uma das piores consequências é o afastamento entre o genitor e a criança, laços esses dificilmente recuperáveis. Mas, nada disso importa para o alienador, que somente visa ao rompimento desses laços, custe o que custar, para apenas satisfazer um capricho seu revestido de total egoísmo e vaidade.

Por essas e outras razões é que, frente ao menor sinal de alienação parental, os operadores do Direito devem estar em alerta, pois, se existe uma conduta de alienação parental, ainda que em um nível considerado leve, o alienador vai esforçar-se cada vez mais até atingir seu objetivo, ou seja, o afastamento definitivo entre o genitor alienado e seu filho, nem que, para isso, tenha que se utilizar de uma falsa denúncia de abuso sexual.

Além de todas as consequências decorrentes da alienação, ainda se faz presente, em muitos casos, o despreparo não só dos profissionais do Direito, mas também dos psicólogos, que, com seus laudos, conduzem o convencimento dos juízes. Na visão de Márcia Ferreira Amendola, "psicólogos de instituições conhecidas, destinadas ao atendimento de crianças vítimas de violência, apresentam-se prestando atendimento precário, dominando, insuficientemente, as técnicas de avaliação psicológica, transformando os laudos em instrumento de julgamentos parciais e, até mesmo, de condenação prévia".[111] Dito de outra forma, somado aos nefastos efeitos da alienação, tem-se, não raramente, o despreparo dos profissionais que trabalham diretamente com os casos de alienação, ressaltando-se que um laudo mal elaborado pode resultar no afastamento do genitor alienado de seu filho. Logo, os advogados também devem estar atentos aos pareceres dos psicólogos para que, diante de um suposto laudo tendencioso, venham a questioná-lo para o magistrado, solicitando um novo laudo.

> [...].
>
> VII - mudar o domicílio para local distante, sem justificativa, visando a dificultar a convivência da criança ou adolescente com o outro genitor, com familiares deste ou com avós.
>
> [...].

[111] AMENDOLA, Márcia Ferreira. Mães que choram: avaliação psicodiagnóstica de mães de crianças vítimas de abuso sexual. In: PRADO, Maria do Carmo Cintra de Almeida (Coord.). **O mosaico da violência**: a perversão na vida cotidiana. São Paulo: Vetor, 2004. p. 144).

A mudança de domicílio ocorre quando a denúncia de abuso sexual não surte o efeito desejado pelo alienador, não restando outra alternativa senão a distância física por meio da mudança de endereço, dificultando a convivência entre a criança e o outro genitor. A mudança de domicílio trata-se de uma manobra da alienação quando ocorre sem uma justificativa plausível, tendo em vista que, ainda que o genitor alienado tenha recursos financeiros para se deslocar ao encontro do filho, a convivência será prejudicada, resumindo-se a encontros esporádicos. A situação agrava-se quando a mudança ocorre para o exterior, nesse caso, está-se diante do chamado "rapto parental". Para reverter isso, é necessária a aplicação da Convenção de Haia no que diz respeito à subtração internacional de menores, assegurando o seu retorno imediato ao seu Estado de origem.

Retornando à situação inicial, mudança de cidade ou estado sem justificativa razoável, incluindo aqui a falta de informação do novo endereço, o juiz poderá determinar a busca e apreensão do menor, para, assim, evitar não somente o afastamento da criança em relação ao outro genitor, mas também de toda a família deste, em especial, os avós.

> Art. 3º A prática de ato de alienação parental fere direito fundamental da criança ou do adolescente de convivência familiar saudável, prejudica a realização de afeto nas relações com genitor e com o grupo familiar, constitui abuso moral contra a criança ou o adolescente e descumprimento dos deveres inerentes à autoridade parental ou decorrentes de tutela ou guarda.

No tocante ao art. 3º, pode-se dizer que o direito de convivência está previsto no art. 227 da CF/88, bem como no art. 19 do Estatuto da Criança e do Adolescente e, implicitamente, no art. 1.634 do Código Civil. Para Dalva Gueiros e Rita Oliveira, o direito de convivência é tanto um direito dos pais quanto dos filhos. Nas palavras das autoras:

> É fundamental defender o princípio de que o lugar da criança é na família, mas é necessário pensar que essa é uma via de mão dupla – direito dos filhos, mas também de seus pais – e, assim sendo, deve ser assegurado à criança o direito de convivência familiar, preferencialmente na família em que nasceu, e aos pais o direito de poder criar e educar os filhos que tiveram do casamento ou de vivências amorosas que não chegaram a se construir como parcerias conjugais.[112]

[112] GUEIROS, Dalva Azevedo; OLIVEIRA, Rita de Cássia Silva. Direito à convivência familiar. In: **Revista Serviço Social e Sociedade**, São Paulo, ano 26, n. 81, p. 118, 2005.

É possível sustentar também que a falta da convivência familiar, isto é, com ambos os genitores, resulta em consequências imediatas e também ao longo do tempo, sendo percebidas na fase adulta, quando os filhos apresentam dificuldades em "assumir seu papel de adulto, de genitor, e de parceiro na relação matrimonial".[113] Nesse sentido, como forma de tentar evitar essa conduta do alienador que visa a dificultar a convivência familiar, a lei em análise prevê a responsabilização civil e criminal.

> Art. 4º Declarado indício de ato de alienação parental, a requerimento ou de ofício, em qualquer momento processual, em ação autônoma ou incidentalmente, o processo terá tramitação prioritária, e o juiz determinará, com urgência, ouvido o Ministério Público, as medidas provisórias necessárias para preservação da integridade psicológica da criança ou do adolescente, inclusive para assegurar sua convivência com genitor ou viabilizar a efetiva reaproximação entre ambos, se for o caso.

Em decorrência do dispositivo acima mencionado, verifica-se que o legislador abrangeu quatro pontos, quais sejam[114]: **indício de ato de alienação parental**, isto é, não é preciso a comprovação da alienação, bastando um indício para que o magistrado defira as medidas necessárias à interrupção dessa prática, até que seja averiguada sua comprovação, a fim de evitar o agravamento; **tramitação prioritária (em ação autônoma ou incidental) e medidas provisórias necessárias,** que buscam evitar a ocorrência da Síndrome da Alienação Parental, gerando traumas, prejudicando, assim, o bem-estar da criança. As referidas medidas encontram-se previstas nos incisos do art. 6º e visam a convencer o alienador a abandonar essa conduta inaceitável. Além disso, a celeridade é fundamental nesse tipo de demanda, pois cada momento em que o genitor alienado passa afastado de seu filho trata-se de um tempo sem volta. É necessário também **assegurar a convivência com o genitor alienado** por intermédio do deferimento da antecipação de tutela

[113] LEITE, Eduardo de Oliveira. **Alienação parental**: do mito à realidade. São Paulo: RT, 2015. p. 312.

[114] Ibid., p. 328.

pelo juiz, depois de ouvido o Ministério Público, e não simplesmente suspender a visitação.

> Parágrafo único. Assegurar-se-á à criança ou adolescente e ao genitor garantia mínima de visitação assistida, ressalvados os casos em que há iminente risco de prejuízo à integridade física ou psicológica da criança ou do adolescente, atestado por profissional eventualmente designado pelo juiz para acompanhamento das visitas.

O objetivo da redação do parágrafo único é evitar o afastamento da criança dos genitores, sobretudo, do genitor alienado, a menos que o processo já esteja acompanhado de provas concretas que comprovem risco de prejuízo à integridade física ou psicológica da criança ou do adolescente. Por essa razão, é imprescindível não suspender as visitas ao genitor alienado antes de o magistrado ter provas o suficientes para embasar seu entendimento nessa direção, pois, se simplesmente afastar o genitor alienado da criança, poderá facilitar a conduta do genitor alienador, que terá ainda mais tempo para continuar alienando a criança e alcançar o seu escopo, qual seja, o afastamento do filho do seu genitor. Portanto, mesmo diante de uma falsa denúncia de abuso sexual, enquanto essa não for provada, as visitas devem ser mantidas de forma monitorada, mas não extintas.[115]

[115] AGRAVO DE INSTRUMENTO. AÇÃO DE REGULAMENTAÇÃO DE VISITAS. PAI. ACUSAÇÃO DE ABUSO SEXUAL. VISITAS ASSISTIDAS. CABIMENTO. 1. Como decorrência do poder familiar, o pai não-guardião tem o direito de avistar-se com a filha, acompanhando-lhe a educação, de forma a estabelecer com ela um vínculo afetivo saudável. 2. A mera suspeita da ocorrência de abuso sexual não pode impedir o contato entre pai e filha. 3. Adequado, assim, as visitas assistidas pelos avós paternos, com o que restará assegurada a integridade física e psicológica da menor durante o convívio com o genitor, bem como resguardará este de novas acusações. RECURSO PROVIDO EM PARTE. RIO GRANDE DO SUL. Tribunal de Justiça. **Agravo de Instrumento nº 70066306572**. Sétima Câmara Cível. Relatora: Liselena Schifino Robles Ribeiro. Julgado em: 28 ago. 2015.

AGRAVO DE INSTRUMENTO. SUSPENSÃO DA VISITAS PATERNAS. ALEGAÇÃO DE ABUSO SEXUAL. AUSÊNCIA DE ELEMENTOS A IMPEDIR O CONTATO DO PAI COM OS FILHOS. Direito de visitação que se impõe resguardado, ante a conclusão do laudo psicológico no sentido de que não há evidências psicológicas de abuso sexual praticado contra os meninos. Agravo de instrumento desprovido, de plano. RIO GRANDE DO SUL. Tribunal de Justiça. **Agravo de Instrumento nº 70057280513**. Sétima Câmara Cível. Relator: Jorge Luís Dall'Agnol. Julgado em: 18 dez. 2013.

Ainda em relação à tramitação prioritária, para que essa seja concedida, o advogado deve informar na folha de rosto de sua petição que se trata de demanda envolvendo alienação parental.[116]

> Art. 5º Havendo indício da prática de ato de alienação parental, em ação autônoma ou incidental, o juiz, se necessário, determinará perícia psicológica ou biopsicossocial.

A constatação da alienação parental trata-se de um desafio para o Judiciário, pois, se, para psicólogos, já não consiste em algo fácil, muito menos será para os operadores do Direito. Por essa razão, faz-se imprescindível a intervenção da equipe interdisciplinar, para que, por meio das perícias, o magistrado possa fazer com que a sua decisão se aproxime o máximo possível da realidade dos fatos. Nesse sentido, a redação do art. 5º prevê a validade da perícia, bem como a sua importância para auxiliar o Judiciário na averiguação da alienação parental.

É dado observar que o referido dispositivo dispõe sobre a ocorrência da perícia tanto em ação autônoma de alienação parental como também de forma incidental, quando solicitada dentro de uma ação de divórcio ou dissolução de união estável em que se discute a guarda da prole.

Em sede de perícia, verifica-se que no *caput* fala-se em perícia psicológica ou biopsicossocial, uma vez que, para a averiguação desse fenômeno, é necessário analisar o contexto no qual a criança ou o adolescente está inserido, portanto, para se obter um resultado seguro, não raramente, é preciso a intervenção não só de psicólogos, mas também de assistentes sociais e médicos.

> § 1º O laudo pericial terá base em ampla avaliação psicológica ou biopsicossocial, conforme o caso, compreendendo, inclusive, entrevista pessoal com as partes, exame de documentos dos autos, histórico do relacionamento do casal e da separação, cronologia de incidentes, avaliação da personalidade dos envolvidos e exame da forma como a criança ou adolescente se manifesta acerca de eventual acusação contra genitor.

[116] LEITE, Eduardo de Oliveira. **Alienação parental**: do mito à realidade. São Paulo: RT, 2015. p. 342.

É clara e total a conexão quando o legislador menciona "ampla avaliação psicológica ou biopsicossocial", com o escopo de tentar afastar dados distorcidos que podem a vir a confundir o magistrado. Na visão de Caroline de Cássia Francisco Buosi,

> [...] devendo o profissional buscar diversas fontes para descobrir o máximo possível dentre os diversos contextos, nos quais o cliente esteja envolvido. Assim, deve visitá-lo em sua residência além do ambiente do consultório, entrevistar a família ou pessoas envolvidas diretamente com estes, ir até a escola ou instituições educacionais frequentadas pelo cliente, conversar com outros profissionais que já atenderam, quando for o caso, e até mesmo realizar observações indiretas da convivência familiar entre eles, realizando testes como somente um complemento e não como fonte mais importante dos dados coletados.[117]

Entretanto, o que se percebe atualmente, na prática, é que o que instrui o processo não são laudos periciais, mas sim pareceres elaborados com base em uma única entrevista, como se fosse possível juntar dados suficientes para ajudar no convencimento do juiz em um único encontro com as partes. Logo, é papel dos advogados questionar esses laudos realizados de uma forma tão sucinta ou superficial, que estão longe retratar a realidade da família em comento.

> [...].
>
> § 2º A perícia será realizada por profissional ou equipe multidisciplinar habilitados, exigido, em qualquer caso, aptidão comprovada por histórico profissional ou acadêmico para diagnosticar atos de alienação parental.
>
> [...].

Dessa forma, para evitar interpretações errôneas, ou, principalmente, para se obter um laudo mais próximo da verdade dos fatos, o legislador "exige" comprovação de histórico profissional ou acadêmico para diagnosticar atos de alienação parental. Em outras palavras, o profissional da equipe interdisciplinar, além de comprovar a sua formação

[117] BUOSI, Carolina de Cássia Francisco. **Alienação parental**: uma interface do direito e da psicologia. Curitiba: Juruá, 2012. p. 92.

básica (Medicina ou Psicologia), tem de comprovar a continuação de sua formação voltada ao contexto familiar, em especial, à alienação parental, por intermédio, por exemplo, de uma especialização, um mestrado e/ ou doutorado, isto é, o conhecimento conquistado durante o exercício do seu trabalho.

Embora ainda essa pretensão esteja distante da realidade judiciária, trata-se de um grande avanço ter-se um dispositivo que exija profissionais qualificados para diagnosticar a alienação.

> § 3° O perito ou equipe multidisciplinar designada para verificar a ocorrência de alienação parental terá prazo de 90 (noventa) dias para apresentação do laudo, prorrogável exclusivamente por autorização judicial baseada em justificativa circunstanciada.

Da análise do parágrafo precedente, observa-se que a estipulação do prazo de 90 dias se justifica em razão da celeridade com que o processo deve tramitar, considerando a complexidade do caso. Logo, a possibilidade de prorrogação deve ocorrer apenas em casos excepcionais e devidamente justificados, tendo em vista que muitos profissionais do Direito, diga-se de passagem, sem princípios morais, aproveitam-se dessa prorrogação para estagnar o andamento do processo, prejudicando, assim, a criança e o genitor alienado.

> Art. 6° Caracterizados atos típicos de alienação parental ou qualquer conduta que dificulte a convivência de criança ou adolescente com genitor, em ação autônoma ou incidental, o juiz poderá, cumulativamente ou não, sem prejuízo da decorrente responsabilidade civil ou criminal e da ampla utilização de instrumentos processuais aptos a inibir ou atenuar seus efeitos, segundo a gravidade do caso:
>
> [...].

A primeira observação acerca do *caput* refere-se ao escopo de fixar uma punição gradativa ao alienador, que vai desde uma medida mais branda, configurada na advertência do alienador pelo magistrado, até a suspensão da autoridade parental. Todavia, o rol de medidas previstas pelo artigo, a seguir analisadas, trata-se de medidas exemplificativas, e não taxativas, e o juiz tem a possibilidade de aplicar a que julgar mais adequada para cada caso, a fim de diminuir ou findar a alienação. Em vista disso, o juiz também pode cumular uma das medidas abaixo com medidas trazidas pelo Código de Processo Civil, como, por exemplo, a busca e apreensão do menor (art. 536, § 2º) cumulada com multa prevista no art. 6º, inc. III da lei em comento.

> I - declarar a ocorrência de alienação parental e advertir o alienador;
>
> [...].

Como verificado no art. 4º, a ocorrência da alienação parental pode ser declarada por meio de mero indício, evitando, assim, o seu agravamento. Logo, uma vez declarada a sua ocorrência, o magistrado deverá advertir o alienador, com o objetivo de inibir a alienação e, consequentemente, reaproximar os genitores de seus filhos. A advertência costuma ser aplicada diante da alienação de nível leve, em que chamar a atenção do alienador – explicando no que implica a alienação, suas consequências e punições – resolve a situação, desencorajando o alienador a progredir com essa conduta reprovável.

> [...]
>
> II - ampliar o regime de convivência familiar em favor do genitor alienado;
>
> [...].

Está fora de qualquer dúvida que o objetivo desse inciso é facilitar a convivência entre a criança e o genitor alienado, para que a criança possa perceber que o genitor, vítima da alienação, não condiz com a fala desmoralizadora do alienador. Dessa forma, à medida que é ampliada a convivência entre filho e genitor – podendo, inclusive, ser ampliada para dois pernoites durante a semana, além de todos os finais de semana, e não simplesmente alternados –, o alienador percebe que, para suas atitudes alienadoras, existem consequências.[118]

[118] AGRAVO DE INSTRUMENTO. AÇÃO DE SEPARAÇÃO JUDICIAL, GUARDA E ALIMENTOS. VISITAÇÃO. A forma de visitação, permitindo-se o pernoite das crianças com o pai duas vezes por semana, bem como a divisão do período de férias escolares, não encontra qualquer óbice na prova dos autos, além de ser modernamente recomendado. ALIMENTOS. A verba alimentar deve incidir sobre todas as fontes de renda do alimentante, entre elas o 13º salário e terço constitucional de férias, mantendo-se, todavia, o percentual arbitrado porque em consonância com o binômio necessidade-possibilidades. DERAM PARCIAL. RIO GRANDE

[...]

III - estipular multa ao alienador;

[...].

A fixação de multa costuma ser um meio eficaz na coibição da conduta reprovável do genitor, pois atinge diretamente o "bolso" do alienador.[119] Nesse contexto, ressalta-se que o valor da multa pode variar de um salário mínimo (por dia), alcançando o patamar de 10 salários mínimos (por semana, ou mensalmente), levando-se sempre em consideração as atitudes do alienador no decorrer do processo.[120] Como se

DO SUL. Tribunal de Justiça. **AI nº 70046184420 RS**. Oitava Câmara Cível. Relator: Alzir Felippe Schmitz. Julgado em: 26 jan. 2012.

APELAÇÕES CÍVEIS. FAMÍLIA. AÇÃO DE GUARDA COMPARTILHADA. PEDIDO ALTERNATIVO DE AMPLIAÇÃO DO DIREITO DE VISITAS DO PAI À FILHA. ALEGAÇÃO DE PRÁTICA DE ALIENAÇÃO PARENTAL PERPETRADA PELA MÃE-GUARDIÃ. PROVA TESTEMUNHAL. OITIVA DAS PERITAS PSICÓLOGAS E ASSISTENTES SOCIAIS. NECESSIDADE. AGRAVO RETIDO. PROVIMENTO. ANULAÇÃO DA SENTENÇA. RETORNO À FASE INSTRUTÓRIA. MINISTÉRIO PÚBLICO. INTERESSE DE INCAPAZ. INTERVENÇÃO OBRIGATÓRIA. INOBSERVÂNCIA. PRIMEIRO RECURSO PROVIDO. DEMAIS RECURSOS PREJUDICADOS. I. Considerando que se está diante dos interesses de uma criança hoje com oito anos de idade, vítima de disputa acirrada, conflitos e discórdias travadas por seus pais desde o seu nascimento, as questões levantadas pelo Agravante, em especial, a alegada alienação parental, devem ser dirimidas, por meio de provas contundentes, dentre elas, a testemunhal e oitiva de psicólogas e assistentes sociais que acompanham o caso concreto; II. A prova testemunhal e diligências requeridas conduziriam a uma decisão, seja em relação ao pedido de guarda compartilhada, seja quanto ao pedido de ampliação do direito de visita, mais adequada à realidade das partes e, principalmente, visando ao melhor interesse da criança; III. Compete ao Ministério Público intervir nas causas em que há interesse de incapaz. IV. Tendo sido mitigada a oportunidade do Ministério Público de se manifestar acerca do mérito dos pedidos iniciais de guarda compartilhada ou ampliação de visitas do pai à filha, a declaração de nulidade do processo é medida que se impõe, à luz do art. 84 do CPC. MINAS GERAIS. Tribunal de Justiça. **AC nº 10024078006897003 MG**. Sétima Câmara Cível. Relator: Washington Ferreira. Julgado em: 26 mar. 2013.

119 "Do exposto, dou parcial provimento aos recursos, aplicando, de ofício, a submissão da menor à realização de acompanhamento psicológico, na forma do artigo 101, inciso V, do ECA, cabendo à genitora o acompanhamento psicológico, na forma do art. 6º, IV, da Lei nº 12.318/2010, fixada multa diária, no valor de R$ 200,00, para o caso de descumprimento da visitação, na forma do inciso III da mencionada lei e ampliada a visitação paterna, mantida, no mais, a sentença, inclusive quanto à sucumbência.". RIO GRANDE DO SUL. Tribunal de Justiça. **Apelação Cível nº 70062154182**. Sétima Câmara Cível. Julgado em: 2014.

120 LEITE, Eduardo de Oliveira. **Alienação parental**: do mito à realidade. São Paulo: RT, 2015. p. 384.

pode perceber, a multa tem caráter sancionatório, podendo, inclusive, ser aplicada no início do processo[121], diante dos indícios de alienação, como forma de eliminar, ainda na fase inicial, as manobras do alienador. Nesse sentido, o magistrado pode fixar a multa, por exemplo, em função de o alienador não respeitar o horário de entrega da criança ao genitor alienado conforme estipulado pelo juízo, ou quando desrespeitar as ordens judiciais.

> [...]
>
> IV - determinar acompanhamento psicológico e/ou biopsicossocial;
>
> [...].

A determinação do acompanhamento psicológico e/ou biopsicossocial pode ser direcionada à criança e ao alienador, sob pena de este, diante da recusa, perder a guarda. Interessa clarificar que a referida medida pode ser determinada tanto no início do processo quanto no seu decorrer, pois, diante do menor sinal de alienação, faz-se imprescindível a aplicação de medidas como essa, tendo como escopo a obstrução de atitudes alienadoras.[122]

Com efeito, reconhece-se a importância fundamental do laudo pericial para o convencimento do juiz, entretanto este dispõe da possibilidade da utilização de mecanismos com o objetivo de evitar a progressão

[121] Ibid., p. 385.

[122] Ação de declaração de alienação parental - atos de alienação configurados - imposição de óbices à visitação e denegrição da figura paterna junto ao filho - advertência e imposição de acompanhamento biopsicossocial à alienante.

- A alienação parental caracteriza-se pela interferência na formação psicológica da criança ou do adolescente promovida ou induzida por um dos genitores, pelos avós ou pelos que tenham a criança ou adolescente sob a sua autoridade, guarda ou vigilância para que repudie genitor ou que cause prejuízo ao estabelecimento ou à manutenção de vínculos com este.
- A denegrição da figura paterna junto ao filho, bem como a imposição de óbices à visitação e convivência familiar entre pai e filho, configuram atos de alienação parental praticados pela mãe.
- Para cessar a prática de alienação parental, deve o julgador impor medidas eficazes e que visem o melhor interesse do menor.
- Preliminar rejeitada.
- Apelos não providos. MINAS GERAIS. Tribunal de Justiça. **AC nº 1.0024.11.205247-7/001**. Quarta Câmara Cível. Relatora: Heloisa Combat. Julgado em: 02 jul. 2015.

da alienação antes mesmo da realização do laudo, o que de fato consiste em um aspecto positivo, levando-se em consideração que o referido laudo poderá demorar 90 dias, lembrando que se trata de muito tempo para o alienador dispor a favor de suas manobras dolosas.

> [...].
>
> V - determinar a alteração da guarda para guarda compartilhada ou sua inversão;
>
> [...].

Na época da entrada em vigor dessa lei, em 2010, ainda não havia ocorrido a alteração da lei da guarda compartilhada, que ocorreu em 2014, a qual tornou a guarda compartilhada o modelo-padrão, e a unilateral, a exceção, todavia era perceptível a preferência por esta modalidade. A preferência justifica-se em razão de a guarda unilateral propiciar o desenvolvimento da alienação, uma vez que a criança fica subordinada ao exercício do poder parental somente de um dos genitores. Tanto a guarda unilateral quanto a compartilhada serão analisadas posteriormente, porém o que se pode adiantar é que a inversão da guarda não deve ser aplicada com o intuito de punição do alienador, mas, sobretudo, observando o que é o melhor para a criança naquele momento.[123]

[123] Apelação cível. Ação de guarda e regulamentação de visitas. Preliminar de intempestividade recursal. Ratificação do recurso. Desnecessidade. Rejeição. Alienação parental. Caracterização. Inversão de guarda. Necessidade. Melhor interesse da menor. Regime de visitas. Igualdade entre pai e mãe. Direito de convivência. Sentença confirmada. Recursos não providos. Não se aplica ao recurso de apelação, mas apenas ao recurso especial, o enunciado nº 418 da Súmula do Superior Tribunal de Justiça, segundo o qual "é inadmissível o recurso especial interposto antes da publicação do acórdão dos embargos de declaração, sem posterior ratificação". A prática de atos de alienação parental por parte de um dos genitores, inclusive com o claro desinteresse em considerar a gravidade de suas consequências para a formação da menor, enseja a aplicação da medida de reversão da guarda. A regulamentação do direito de visitas deve observar perfeita igualdade de direitos dos genitores, sopesados os superiores interesses da menor, inclusive para preservação dos laços afetivos entre filha e a genitora que perdeu a guarda. Neste sentido, a pretensão do genitor de que seja instituído regime menos benéfico à mãe do que aquele que outrora lhe fora franqueado, sob o argumento de que ela pudesse ser menos merecedora, além de representar violação ao princípio da garantia ao melhor interesse do menor, configura ofensa ao princípio da isonomia. Recursos improvidos. MINAS GERAIS. Tribunal de Justiça. **AC nº 1.0024.09.725125-0/014**. Quinta Câmara Cível. Relator: Des. Barros Levenhagen. Julgado em: 28 mar. 2014.

[...].

VI - determinar a fixação cautelar do domicílio da criança ou adolescente;

[...].

Essa medida foi prevista a fim de obstaculizar uma das atitudes mais perversas do alienador, qual seja, a mudança injustificada de endereço com o intuito de romper os laços existentes entre a criança e o outro genitor, garantindo, assim, a manutenção da convivência com este, bem como as relações com os seus familiares. O efeito positivo dessa medida, além de ser percebido no ponto de vista pessoal, verifica-se também no aspecto prático processual, pois, se o alienado consegue, por exemplo, mudar-se para um outro estado, todos os atos processuais tornam-se lentos, a começar pela necessidade de expedição de cartas precatórias, ressaltando-se que cada dia, semana ou mês, em um processo de alienação, pode resultar em consequências nefastas para a criança que vive diariamente sob uma "lavagem cerebral" sem freios. Assim, utilizando uma metáfora para comparação, a alienação é um câncer que precisa ser eliminado, pois, se progredir, pode levar à morte, no caso da alienação, a morte dos laços entre pai[124] e filho, talvez a pior das mortes.[125]

Ação de guarda. Melhor interesse do menor. Síndrome da Alienação Parental. Genitor detentor da guarda. Comprovação. Inversão da guarda. Possibilidade. Honorários advocatícios. Critérios legais e parâmetros da Corte. Inobservância. Redução. Comprovada a existência da Síndrome da Alienação Parental por parte do genitor que detém a guarda é possível a sua inversão visando o melhor interesse do menor. Reduz-se o valor dos honorários advocatícios arbitrados sem observâncias dos critérios legais e dos parâmetros da Corte. RONDÔNIA. Tribunal de Justiça. **APL nº 00154605520078220014 RO 0015460-55.2007.822.0014**. Segunda Câmara Cível. Relator: Des. Alexandre Miguel. Julgado em: 30 abr. 2013.

124 Entende-se a morte dos laços entre a criança e o genitor alienado, que pode ser tanto o pai, como a mãe.

125 AGRAVO DE INSTRUMENTO. AÇÃO DE MODIFICAÇÃO DE GUARDA C/C ALIMENTOS E PEDIDO DE REGULAMENTAÇÃO DE VISITAS. MUDANÇA DE RESIDÊNCIA DA GENITORA PARA ESTADO DIVERSO DA FEDERAÇÃO EM FACE DO DOMICÍLIO PATERNO. INSURGÊNCIA DA AGRAVANTE CONTRA A DECISÃO QUE, AO ALTERAR A GUARDA QUE ERA COMPARTILHADA, DEFERIU A GUARDA PROVISÓRIA DOS FILHOS AO PAI. AUSÊNCIA DE ELEMENTOS QUE DESABONEM A CONDUTA DO GENITOR. PREVALÊNCIA DOS INTERESSES DA CRIANÇA. MANUTENÇÃO DA SITUAÇÃO DE FATO. RECURSO DESPROVIDO. Na definição da guarda de menor, até mesmo provisória, tem-se por escopo principal atender as necessidades de ordem afetiva, social, educacional, cultural e econômica do infante. Assim, por estar evidenciado

[...].

VII - declarar a suspensão da autoridade parental.

[...].

Esse inciso consiste na mais severa medida, devendo ser aplicada quando o genitor abusar do seu poder familiar, ou seja, da sua autoridade familiar, a ponto de prejudicar a prole. No entendimento de Eduardo Sá e Fernando Silva, essa medida serve "para demonstrar ao alienante que, se não reverter todo o processo de alienação a que sujeitou a criança, ficará impedido de a ter a seu cargo e até mesmo de contatos com ela".[126] Ou seja, o genitor alienador pode ter suspensa, temporariamente, sua autoridade parental até que volte a apresentar condições de reassumi-la, não dificultando a convivência com o genitor alienado e abandonando suas manobras alienadoras.

Parágrafo único. Caracterizado mudança abusiva de endereço, inviabilização ou obstrução à convivência familiar, o juiz também poderá inverter a obrigação de levar para ou retirar a criança ou adolescente da residência do genitor, por ocasião das alternâncias dos períodos de convivência familiar.

O cerne do parágrafo único encontra-se no fato de que a mudança abusiva de endereço competia somente à esfera particular, isto é, ao pai e à mãe. Contudo, no intuito de preservar o melhor interesse do menor – o qual, diante de uma mudança abusiva de endereço, sofre com o distanciamento e o enfraquecimento da convivência com o outro genitor –, passa a haver a intervenção estatal, que deverá levar em consideração, em primeiro lugar, o interesse do menor, que, certamente, não será ser privado da companhia de um dos genitores.

nos autos, até a presente fase procedimental, que a permanência das crianças com o genitor não traz prejuízos a sua formação, pois em momento algum ficou provada a inadequação do tratamento dispensado aos menores pelo agravado, não é aconselhável que se modifique a guarda deferida provisoriamente na decisão impugnada, sobretudo porque foi a genitora que decidiu modificar a sua residência, transferindo-a para outro estado da Federação, diverso daquele em que reside o genitor, até então detentor da guarda compartilhada. Por esses motivos, o recurso deve ser desprovido. SANTA CATARINA. Tribunal de Justiça. **AI nº 222703 SC 2008.022270-3**. Primeira Câmara Civil. Relator: Joel Figueira Júnior. Julgado em: 27 set. 2010.

126 SÁ, Eduardo; SILVA, Fernando. **Alienação parental**. Coimbra: Almeida, 2011. p. 20.

Nesse contexto, muitas vezes, surge o pensamento de quem detém a guarda: "Então agora estou amarrada, sem poder sair do país para trabalhar e levar meu filho comigo em face da privação das visitas do pai?! Mas, não estou impedindo ele de ver o filho!" Essa fala é bastante comum e questionável, a começar quando expressa "agora estou amarrada, sem poder sair do país para trabalhar", já que, quando não se tem filhos, tem-se a liberdade de conduzir a vida como se julgar melhor, porém, quando eles existem, os interesses deles sobrepõem-se aos dos genitores. Quando fala em "meu filho", percebe-se nitidamente o sentimento de posse sobre a criança, "esquecendo-se" que o menor não foi feito sozinho, possui um pai. Quando se refere às "visitas do pai", apresenta a percepção de que está fazendo um favor ao genitor de deixar ver o filho, ao passo que, na realidade, não se trata de visitas, mas de convivência, como amplamente defendido na doutrina e na jurisprudência pátria. Por fim, ao mencionar "não estou impedindo ele de ver o filho!", a ideia não é condizente, pois é obvio que a mudança abusiva de endereço tem a finalidade de impedir o contato do genitor com a criança, afinal, o pai que estava acostumado a ver a criança todos os dias, quando ainda existia o relacionamento conjugal, após o rompimento deste e com a mudança para outro estado ou país, passa a não vê-la mais, encontrando-se impedido de conviver com o filho. Por essa razão, tem-se a previsão da intervenção estatal.

> Art. 7º A atribuição ou alteração da guarda dar-se-á por preferência ao genitor que viabiliza a efetiva convivência da criança ou adolescente com o outro genitor nas hipóteses em que seja inviável a guarda compartilhada.

Da análise do artigo, percebe-se que o modelo-padrão de guarda a ser aplicado é o da compartilhada. Entretanto, nos casos em que essa modalidade não é possível em decorrência das situações que serão analisadas posteriormente, a guarda deverá ser atribuída àquele genitor que viabilizar a convivência do menor com o outro genitor.[127] Ou seja,

[127] Ementa: APELAÇÃO. GUARDA. CONCESSÃO À MÃE. ADEQUAÇÃO. Caso no qual a prova dos autos mostrou com absoluta clareza que o pai/apelante não conta com a melhor aptidão para ter a guarda dos filhos, em função do seu temperamento autoritário, de sua falta de preocupação com os filhos, e de sua reiterada conduta tendente a inviabilizar a visitação materna (no período em que o genitor teve a guarda provisória), que remetem ao diagnóstico de alienação parental.

na hipótese de a guarda compartilhada, naquele momento, não ser o melhor modelo, a guarda deverá ser atribuída ao genitor que priorizar os interesses do menor sobre qualquer desconforto ou incômodo pessoal em decorrência da ruptura conjugal. Vale ressaltar que, se, em um primeiro momento, a guarda compartilhada não for a melhor opção[128], nada impede da situação que a inviabilize seja corrigida, possibilitando sua aplicação, pois a atribuição da guarda não faz coisa julgada material, mas sim formal, podendo ser modificada a qualquer momento diante da alteração dos fatos.

> Art. 8º A alteração de domicílio da criança ou adolescente é irrelevante para a determinação da competência relacionada às ações fundadas em direito de convivência familiar, salvo se decorrente de consenso entre os genitores ou de decisão judicial.

Há de ser reconhecer que a finalidade desse artigo é impedir que o genitor alienador venha a prejudicar a ação judicial já proposta no domicílio do menor mediante a mudança de domicílio decorrente de

NEGARAM PROVIMENTO. RIO GRANDE DO SUL. Tribunal de Justiça. **Apelação Cível nº** 70053086633. Oitava Câmara Cível. Relator: Rui Portanova. Julgado em: 14 nov. 2013.

128 Ementa: AGRAVO DE INSTRUMENTO. AÇÃO DE ALTERAÇÃO DE GUARDA E ALIMENTOS. NULIDADE. INOCORRÊNCIA. GUARDAUNILATERAL E VALOR DOS ALIMENTOS. ADEQUAÇÃO. Não há nulidade na realização de audiência antes da citação do réu/agravante. Ainda mais quando é para decidir sobre temas de urgência, como guarda e alimentos. Correta a conversão da guarda compartilhada para guarda unilateral, porquanto bem demonstrada a intensa animosidade e beligerância entre os genitores, razão pela qual a guarda compartilhada, se mantida, seria danosa à infante. Não há reparos a serem feitos no valor dos alimentos fixados na origem, porque não há prova da alegada impossibilidade do agravante em pagar o que foi fixado, ônus que só a ele incumbe. NEGARAM PROVIMENTO. RIO GRANDE DO SUL. Tribunal de Justiça. **Agravo de Instrumento nº 70069976769**. Oitava Câmara Cível. Relator: Rui Portanova. Julgado em: 28 jul. 2016.

Ementa: AGRAVO DE INSTRUMENTO. AÇÃO DE DIVÓRCIO. PARTILHA, ALIMENTOS, GUARDA E VISITAS. REDUÇÃO DE ALIMENTOS. ALTERAÇÃO DE GUARDA. DESCABIMENTO. 1. Haja vista o binômio possibilidade/necessidade, devem ser mantidos os alimentos fixados à filha. 2. Inadequado, por ora, o estabelecimento da guarda compartilhada, devendo ser prestigiada a cautela da magistrada singular, que desacolheu o pleito diante da beligerância instaurada entre os genitores e da ausência de indicativos de que o regime pretendido efetivamente viria a atender aos superiores interesses da criança, que necessariamente devem prevalecer, devendo ser mantida a concessão do encargo provisoriamente em favor da genitora. RECURSO DESPROVIDO. RIO GRANDE DO SUL. Tribunal de Justiça. **Agravo de Instrumento nº 70068720622**. Sétima Câmara Cível. Relatora: Liselena Schifino Robles Ribeiro. Julgado em: 18 maio 2016.

prática da alienação parental. Em outras palavras, uma vez ajuizada a ação no domicílio do menor, caso o alienador, utilizando-se de manobra alienadora, venha a mudar de domicílio com o escopo de tumultuar o processo, este não será prejudicado, como bem explica Eduardo de Oliveira Leite:

> Logo, se a ação foi intentada numa determinada cidade, tornando o foro prevento, de nada adianta, em momento posterior, o genitor mudar de domicílio com a intenção de burlar a intervenção judicial ali deflagrada, porque a competência ficará determinada pelo domicílio daquela cidade, salvo – conforme dicção legal – se a mudança decorrer de pronunciamento judicial ou consenso das partes interessadas.[129]

Portanto, está fora de qualquer dúvida que o referido dispositivo se revela uma importante medida a fim de evitar as tentativas do alienador em obstaculizar as ordens oriundas do Poder Judiciário.[130]

129 LEITE, Eduardo de Oliveira. **Alienação parental**: do mito à realidade. São Paulo: RT, 2015. p. 429-430.

130 Decisão AGRAVO DE INSTRUMENTO Nº 874.426-7, DA VARA CÍVEL E ANEXOS DA COMARCA DE CRUZEIRO DO OESTE AGRAVANTE: L. F. M. F. AGRAVADA: M. P. S. RELATORA: DES.ª VILMA RÉGIA RAMOS DE REZENDE I. Trata-se Agravo de Instrumento interposto contra decisão de fls. 17-TJ, proferida nos autos de Ação de Regulamentação de Guarda e Visitas c/c Alimentos e com Incidental de Medidas Preventivas, de Urgência e Efetividade contra Alienação Parental nº 0004274-66.2011.8.16.0077, que reconheceu a incompetência territorial da Vara Cível e Anexos da Comarca de Cruzeiro do Oeste para o julgamento do feito, determinando sua remessa a uma das Varas de Família da capital do Estado do Rio de Janeiro. L. F. M. F. requer a reforma da decisão, sustentando que: a) está configurada a alienação parental, pois a Agravada dificulta seu contato com o filho, além de ter alterado o domicílio sem comunicá-lo; b) a alteração do endereço não é capaz de alterar a competência, nos termos do art. 8º da Lei nº 12.318/2010 e art. 87 do Código de Processo Civil; c) a informação prestada pela genitora do Agravado de que a mudança de domicílio para o Rio de Janeiro ocorreu há mais de 30 (trinta) dias é frágil; d) o art. 147 do Estatuto da Criança e do Adolescente deve ser interpretado de forma sistemática e de acordo com o princípio do melhor interesse da criança; e) por constituir competência de natureza territorial, portanto, relativa, é incabível a declinação de ofício pelo juiz. Requer o provimento do recurso, a fim de que seja declarada a competência da Comarca de origem para apreciar a demanda. É o relatório. II. Decido singularmente, na forma autorizada pelo art. 557, § 1 o -A, do Código de Processo Civil, tendo em vista que a decisão recorrida está em manifesto confronto com o entendimento do Superior Tribunal de Justiça e deste Tribunal. O Agravante propôs a ação de regulamentação de guarda cumulada com pedido de visitas e oferecimento de alimentos perante a Comarca de Cruzeiro do Oeste, afirmando que a criança residia com a sua genitora naquela comarca. Diante da certidão do Sr. Oficial de Justiça de fls. 51-TJ, informando a ausência de citação da Agravada em virtude de não

Art. 9º (VETADO)

Art. 10. (VETADO)

Art. 11. Esta Lei entra em vigor na data de sua publicação.

Com base na análise da lei em comento, pode-se sustentar que ela consiste em um instrumento eficaz de combate ao fenômeno da alienação parental, quando, entretanto, conhecida e, assim, bem- aplicada, tendo em vista que grande parte dos operadores do Direito tem conhecimento da sua existência e, frente a alguma atitude alienadora, aventuram-se em dizer "Isso é alienação parental", porém sem conhecimento algum do alcance dos dispositivos trazidos pela lei. Isso é facilmente percebido, quando, em um divórcio litigioso com disputa de guarda, o procurador denuncia a alienação, mas, nos pedidos, na peça inicial, sequer requer a intervenção da equipe interdisciplinar ou alguma das medidas dispostas na lei, o que é lamentável.

Há de se reconhecer que existem alguns projetos de lei – entre esses o Projeto de Lei nº 2812/22 – que tramitam no Congresso Federal, visando revogar a Lei de Alienação Parental nº**12.318/2010**. Os autores dos referidos projetos, em suas justificativas, mencionam que a Lei da Alienação Parental tem dificultado a realização de denúncias de maus-tratos e abusos cometidos por um dos genitores.

Em contrapartida, a corrente que segue em defesa da Lei nº**12.318/2010** sustenta que o fato de que, em determinados casos, a lei é aplicada de forma indevida, por si só não é causa de revogação da lei. Dito de outra forma e utilizando o bom senso, em vez de revogar uma

mais residir no local informado, tendo em vista a alteração de residência para a cidade do Rio de Janeiro, o magistrado a quo declinou da competência, com fundamento no art. 147 do Estatuto da Criança e do Adolescente. Ocorre que por ser competência territorial e, portanto, relativa, é defeso ao juiz declinar ex officio da competência, nos termos do art. 112 do Código de Processo Civil.[...] Diante do exposto, DOU PROVIMENTO ao presente Agravo de Instrumento, com fundamento no art. 557, § 1º-A, do Código de Processo Civil, por estar a decisão recorrida em manifesto confronto com a jurisprudência do Superior Tribunal de Justiça e deste Tribunal, declarando a competência da Comarca de Cruzeiro do Oeste para apreciação e julgamento da ação. IV. Retifique-se a autuação para constar como Agravada apenas "M. P. S.". V. INTIMEM-SE. Curitiba, 31 de janeiro de 2012. Vilma Régia Ramos de Rezende DESEMBARGADORA RELATORA. RIO GRANDE DO SUL. Tribunal de Justiça. **Agravo de Instrumento nº 8744267 PR 874426-7** (Decisão Monocrática). Decima Primeira Câmara Cível. Relatora: Vilma Régia Ramos de Rezende. Julgado em: 01 fev. 2012.

lei, que representa um avanço para o Direito das Famílias – protegendo o menor e a relação parental – o mais indicado seria fazer algumas alterações para buscar a sua aplicação de forma mais adequada, atendendo ao melhor interesse do menor.

É dado observar que, com a pandemia, oriunda da Covid-19, de acordo com o IBDFAM (Instituto Brasileiro de Direito de Família), houve um aumento da incidência de casos de alienação parental, conforme noticiado pelo IBDFAM ao longo de 2020. Nesse sentido, deve-se atentar às consequências da revogação da referida lei. É como deixar o genitor alienado ainda mais fragilizado, uma vez que, com o afastamento da convivência física de um dos genitores dos seus filhos, propiciaria ainda mais o cenário alienador.

2.7 Alterações na Lei da Alienação Parental com a entrada em vigor da Lei nº 14.340/2022 de 18 de maio de 2022

A primeira alteração recai sobre o parágrafo único do art. 4º, que trata da execução das convivências familiares assistidas – sendo essas aplicadas em situações de risco – sobretudo, naqueles casos em que há denúncia de abuso sexual. Assim, apesar de permanecer o termo "visitação" – termo este em desuso e inadequado frente ao Direito das Famílias contemporâneo – a alteração no referido dispositivo passa a exigir que o ambiente forense mantenha espaços adequados para que a convivência assistida possa ser exercida. Alteração essa que veio em boa hora, pois a grande dificuldade da realização da convivência assistida era justamente a ausência de um ambiente neutro, mas ao mesmo tempo acolhedor, proporcionando um convívio mais humano. Nas palavras de **Conrado Paulino da Rosa:**

> Além disso, a modificação também qualifica a rede de proteção da criança. Infelizmente, não eram raros os deferimentos de convivências assistidas sob supervisão de algum integrante do outro núcleo familiar. Imaginemos, nessa linha, alguém que esteja sendo acusado ou acusada de abusar sexualmente da prole e, no tempo escasso de convívio, é fiscalizado(a) pelo acusador ou por alguém de sua confiança. Essa opção acarretaria, invariavelmente, um elemento de estresse e verdadeira deturpação do direito da criança. A partir de agora, essa convivência ocorrerá em ambiente forense ou em entidades conveniadas com a Justiça,

> sendo essa última uma ótima oportunidade de, fora do espaço jurídico, termos uma inteiração mais adequada, com melhores potencialidades de proteção à integridade emocional da criança.[131]

A segunda alteração é a inclusão do § 4º do art. 5º da Lei nº 12.318/2010, que traz a seguinte redação:

> § 4º Na ausência ou insuficiência de serventuários responsáveis pela realização de estudo psicológico, biopsicossocial ou qualquer outra espécie de avaliação técnica exigida por esta Lei ou por determinação judicial, a autoridade judiciária poderá proceder à nomeação de perito com qualificação e experiência pertinentes ao tema, nos termos dos arts. 156 e 465 da Lei nº 13.105, de 16 de março de 2015 (Código de Processo Civil).

Em se tratando de conduta alienadora, as perícias psicológicas ou biopsicossociais são imprescindíveis para a averiguação da incidência ou não da prática alienadora. Diante disso, a redação do § 4º do referido dispositivo prevê a nomeação de peritos privados, sob o prisma do art. 465 do Código de Processo Civil, isto é, quando não houver disponibilidade ou insuficiência de serventuários responsáveis para a realização dos laudos e estudos sociais. Em sede de perícias psicológicas ou biopsicossociais, a Lei nº14.340/2022, em seu art. 5º, prevê que os processos em curso relacionados à Lei nº12.318 de 26 de agosto de 2010, que estejam pendentes de laudo psicológico ou biopsicossocial há mais de 6 (seis) meses, terão prazo de 3 (três) meses para a apresentação da avaliação requisitada. Medida essa a ser aplicada após a entrada em vigor da referida alteração legislativa.

Vale ressaltar a relevância da revogação do inciso VII do art. 6º. da Lei nº 12.318/2010, que possibilitava ao magistrado, em ação autônoma ou incidental, dependendo da gravidade da situação, suspender a autoridade parental. Em outras palavras, considerando os artigos 24 e 155 e seguintes do ECA – que se referem à necessidade de ajuizamento de ação própria para a suspensão ou a destituição do poder familiar – a

[131] FUNDAÇÃO Escolar Superior do Ministério Público (FMP). *As mudanças na lei 14.340/2022 nos processos em que existe alienação parental*. Disponível em: https://fmp.edu.br/atualidades-as-mudancas-na-lei-14-340-2022-nos-processos-em-que-existe-alienacao-parental/. Acesso em: 17 maio 2023.

revogação do referido inciso, meramente serve para clarificar que o pedido de suspensão da autoridade parental não pode ser realizado nos autos que versam sobre a prática alienadora, mas sim em ação autônoma perante o Juizado da Infância e da Juventude.

Ainda no tocante às alterações do art. 6º da Lei nº12.318/2010, encontra-se a inclusão do § 2º, com a seguinte redação:

> § 2º O acompanhamento psicológico ou o biopsicossocial deve ser submetido a avaliações periódicas, com a emissão, pelo menos, de um laudo inicial, que contenha a avaliação do caso e o indicativo da metodologia a ser empregada, e de um laudo final, ao término do acompanhamento.

A inserção do referido dispositivo traz subsídios mais assertivos e concretos, uma vez que possibilita uma análise mais clara do cenário familiar ao qual os menores estão inseridos. Ou seja, a conclusão referente à situação dos menores não é baseada em um único estudo, realizado em uma única entrevista, mas sim em avaliações periódicas, com a emissão de pelo menos dois laudos, um no início e outro ao final, trazendo o magistrado mais próximo possível da realidade dos fatos.

É incontestável a importância da inclusão da letra A do art. 8º da Lei nº12.318/2010, que determina que, em casos de alienação parental, sempre que for necessário o depoimento ou a oitiva da criança ou adolescente, essa se dará por meio do depoimento especial, nos termos da Lei nº 13.431/2017, sob pena de nulidade processual.

Por fim, de acordo com o art. 4º da Lei nº 12.318/2010, o art. 157 do ECA passa a vigorar acrescido dos seguintes §§ 3º e 4º:

> Art.157 [...]
>
> § 3º A concessão da liminar será, preferencialmente, precedida de entrevista da criança ou do adolescente perante equipe multidisciplinar e de oitiva da outra parte, nos termos da Lei nº 13.431, de 4 de abril de 2017.
>
> § 4º Se houver indícios de ato de violação de direitos de criança ou de adolescente, o juiz comunicará o fato ao Ministério Público e encaminhará os documentos pertinentes.

Da análise precedente, verifica-se que as alterações trazidas pela Lei nº14.340/2022 podem ser consideradas positivas, uma vez que viabilizam a concretização dos direitos e garantias das crianças e adolescentes previstas no texto constitucional, saindo do papel para a realidade.

Uma vez superada a reflexão sobre a alienação parental, no título seguinte, busca-se analisar a guarda compartilhada, principalmente no quanto essa modalidade de guarda implica um avanço jurídico, social e, essencialmente, humano, evitando o desenvolvimento de um mal antigo, mas que finalmente passa a ser encarado pela sociedade e pelo Judiciário como algo perigoso, que deve ser combatido.

03 GUARDA COMPARTILHADA

3.1 A guarda dos filhos menores

Em linhas gerais, a palavra *guarda*, em sentido genérico, exprime proteção, observância, vigilância ou administração. No que se refere ao sentido de "guarda dos filhos", deve ser entendida como o direito ou o dever que compete aos pais ou apenas a um dos cônjuges de ter seus filhos em sua companhia, bem como de protegê-los nas diversas situações previstas na lei.[132] Conforme se verificará no decorrer deste estudo, não existe uma definição exata para "guarda de menores", uma vez que essa recebe um entendimento por meio da junção de vários fatores. Logo, constata-se que a guarda se encontra inserida no poder familiar (art. 1.634 do Código Civil – CC)[133], conectando-se com os arts. 21 e 22 do Estatuto da Criança e do Adolescente (ECA)[134].

132 GRISARD FILHO, Waldir. **Guarda compartilhada**: um modelo de responsabilidade parental. São Paulo: Revistas dos Tribunais, 2010. p. 56-57.

133 "Art. 1.634. Compete aos pais, quanto à pessoa dos filhos menores:

I - dirigir-lhes a criação e educação;

II - tê-los em sua companhia e guarda;

III - conceder-lhes ou negar-lhes consentimento para casarem;

IV - nomear-lhes tutor por testamento ou documento autêntico, se o outro dos pais não lhe sobreviver, ou o sobrevivo não puder exercer o poder familiar;

V - representá-los, até aos dezesseis anos, nos atos da vida civil, e assisti-los, após essa idade, nos atos em que forem partes, suprindo-lhes o consentimento;

VI - reclamá-los de quem ilegalmente os detenha;

VII - exigir que lhes prestem obediência, respeito e os serviços próprios de sua idade e condição".

134 "Art. 21. O poder familiar será exercido, em igualdade de condições, pelo pai e pela mãe, na forma do que dispuser a legislação civil, assegurado a qualquer deles o direito de, em caso de discordância, recorrer à autoridade judiciária competente para a solução da divergência.

Normalmente, a guarda é exercida pelos pais, é a chamada *guarda comum*, ou por um dos genitores. Não sendo possível a convivência com os pais, o art. 19 do ECA[135] prevê uma família substituta para a criança, que deverá lhe assegurar a convivência familiar e comunitária. A guarda está disciplinada nos arts. 33 a 35 do ECA[136], obrigando à prestação moral e educacional ao menor, e confere ao seu detentor o direito de se

Art. 22. Aos pais incumbe o dever de sustento, guarda e educação dos filhos menores, cabendo-lhes ainda, no interesse destes, a obrigação de cumprir e fazer cumprir as determinações judiciais".

135 "Art. 19. Toda criança ou adolescente tem direito a ser criado e educado no seio da sua família e, excepcionalmente, em família substituta, assegurada a convivência familiar e comunitária, em ambiente livre da presença de pessoas dependentes de substâncias entorpecentes.

§ 1° Toda criança ou adolescente que estiver inserido em programa de acolhimento familiar ou institucional terá sua situação reavaliada, no máximo, a cada 6 (seis) meses, devendo a autoridade judiciária competente, com base em relatório elaborado por equipe interprofissional ou multidisciplinar, decidir de forma fundamentada pela possibilidade de reintegração familiar ou colocação em família substituta, em quaisquer das modalidades previstas no art. 28 desta Lei.

§ 2° A permanência da criança e do adolescente em programa de acolhimento institucional não se prolongará por mais de 2 (dois) anos, salvo comprovada necessidade que atenda ao seu superior interesse, devidamente fundamentada pela autoridade judiciária.

§ 3° A manutenção ou reintegração de criança ou adolescente à sua família terá preferência em relação a qualquer outra providência, caso em que será esta incluída em programas de orientação e auxílio, nos termos do parágrafo único do art. 23, dos incisos I e IV do caput do art. 101 e dos incisos I a IV do caput do art. 129 desta Lei".

136 "Art. 33. A guarda obriga a prestação de assistência material, moral e educacional à criança ou adolescente, conferindo a seu detentor o direito de opor-se a terceiros, inclusive aos pais.

§ 1° A guarda destina-se a regularizar a posse de fato, podendo ser deferida, liminar ou incidentalmente, nos procedimentos de tutela e adoção, exceto no de adoção por estrangeiros.

§ 2° Excepcionalmente, deferir-se-á a guarda, fora dos casos de tutela e adoção, para atender a situações peculiares ou suprir a falta eventual dos pais ou responsável, podendo ser deferido o direito de representação para a prática de atos determinados.

§ 3° A guarda confere à criança ou adolescente a condição de dependente, para todos os fins e efeitos de direito, inclusive previdenciários.

§ 4° Salvo expressa e fundamentada determinação em contrário, da autoridade judiciária competente, ou quando a medida for aplicada em preparação para adoção, o deferimento da guarda de criança ou adolescente a terceiros não impede o exercício do direito de visitas pelos pais, assim como o dever de prestar alimentos, que serão objeto de regulamentação específica, a pedido do interessado ou do Ministério Público.

Art. 34. O poder público estimulará, por meio de assistência jurídica, incentivos fiscais e subsídios, o acolhimento, sob a forma de guarda, de criança ou adolescente afastado do convívio familiar. (Redação dada pela Lei n° 12.010, de 2009.

§ 1° A inclusão da criança ou adolescente em programas de acolhimento familiar terá preferência a seu acolhimento institucional, observado, em qualquer caso, o caráter temporário e excepcional da medida, nos termos desta Lei.

opor contra terceiros, até mesmo contra os próprios pais. Além disso, regulariza a posse de fato, podendo ser deferida em caráter liminar ou incidentalmente.

Na realidade, o Estatuto da Criança e do Adolescente é um reflexo da entrada em vigor da Constituição Federal de 1988, a chamada Constituição Cidadã, que, nos arts. 227 e 229, assegura:

> Art. 227. É dever da família, da sociedade e do Estado assegurar à criança, ao adolescente e ao jovem, com absoluta prioridade, o direito à vida, à saúde, à alimentação, à educação, ao lazer, à profissionalização, à cultura, à dignidade, ao respeito, à liberdade e à convivência familiar e comunitária, além de colocá-los a salvo de toda forma de negligência, discriminação, exploração, violência, crueldade e opressão.
>
> [...].
>
> Art. 229. Os pais têm o dever de assistir, criar e educar os filhos menores, e os filhos maiores têm o dever de ajudar e amparar os pais na velhice, carência ou enfermidade.

Portanto, é nítida a preocupação do legislador com o bem-estar do menor. Da mesma forma, as disposições do ECA que tratam da guarda (arts. 33 a 35), apesar de frisarem a hipótese de abandono e orfandade, não significam que não possam ser consideradas quando a guarda for exercida pelos próprios pais. Ao contrário, os artigos do ECA referentes à guarda vão ao encontro do dispositivo constitucional, uma vez que, além de preverem o dever de assistência material, estabelecem a assistência moral e educacional, obrigações que decorrem do poder familiar.

No tocante aos dispositivos legais que tratam sobre a guarda, encontra-se o art. 1.566, IV, do CC, o qual menciona que tanto a guarda como o sustento e a educação dos filhos são deveres de ambos os cônjuges. Nesse sentido, importa ressaltar que os deveres dos genitores, previstos no art. 1.634 do CC, são aplicáveis aos filhos reconhecidos fora

§ 2° Na hipótese do § 1º deste artigo a pessoa ou casal cadastrado no programa de acolhimento familiar poderá receber a criança ou adolescente mediante guarda, observado o disposto nos arts. 28 a 33 desta Lei.

Art. 35. A guarda poderá ser revogada a qualquer tempo, mediante ato judicial fundamentado, ouvido o Ministério Público".

do casamento. Por sua vez, o Capítulo XI do Subtítulo I, do Título I do Livro de Família, também regula a proteção dos filhos menores nos casos de dissolução da sociedade conjugal (arts. 1.583 a 1.590 do CC). Em se tratando de união estável, a guarda dos filhos é regulada pelo art. 2º, III, da Lei 9.278/1996, aplicando-se os artigos correspondentes do Código Civil.

De acordo com essa breve introdução, observa-se que a guarda representa a convivência efetiva com o filho menor, sob o mesmo teto, assistindo-o de todas as formas, seja material, moral ou psiquicamente, atentando para um desenvolvimento saudável em todos os aspectos (físico, mental, moral, espiritual, social). Logo, pode-se afirmar que a guarda está relacionada a uma proteção integral dos filhos, que visa a tornar efetivo o direito fundamental à convivência familiar e comunitária em condições de liberdade e dignidade.[137]

Muito embora se trate de guarda definitiva – expressão utilizada para os casos em que já foram analisados todos os elementos acerca da guarda, concedendo-a a um dos genitores, que, inicialmente, detinha a guarda provisória –, não há de se olvidar que a guarda nunca é definitiva[138], pois dependerá da evolução dos fatos relacionados às partes envolvidas, sempre priorizando os interesses do menor. De acordo com os arts. 35 e 149 do ECA, o juiz poderá modificar a guarda a qualquer tempo por ato fundamentado.

3.2 Critérios de determinação da guarda

Quando se trata de família unida, em que os genitores permanecem unidos por uma relação de conjugalidade, dificilmente questões acerca da guarda dos filhos são trazidas à tona, porém, esse palco muda de cenário quando há o rompimento da vida conjugal, surgindo os primeiros sinais de discórdia. Diante do fim da união, a pergunta que surge é a seguinte: com quem ficarão os filhos?

[137] GRISARD FILHO, Waldir. **Guarda compartilhada**: um modelo de responsabilidade parental. São Paulo: Revistas dos Tribunais, 2010. p. 71.

[138] MADALENO, Rolf Hanseen. **Curso de direito de família**. 4. ed. Rio de Janeiro: Forense, 2011. p. 423.

Verônica A. da Motta, Cesar Ferreira e Rosa Maria Stefanini de Macedo[139] abordam que "mais importante do que a modalidade da guarda é o relacionamento entre os pais na pós separação, porém, legalmente, quando a separação ocorre, há necessidade de definição de guarda".

Em face da disputa entre os genitores pela guarda dos filhos, o juiz deverá levar em consideração, em primeiro lugar, o bem-estar dos filhos menores, fazendo com que os interesses deles se sobreponham aos dos seus pais. Portanto, não se trata mais de culpa[140], muito menos de preferência materna. Com a ruptura da vida conjugal, repartem-se as funções parentais e, concedida a guarda unilateral, as decisões acerca dos filhos também são tomadas de forma unilateral. Novamente surge a indagação: qual dos genitores é o mais indicado para deter a guarda? A resposta é: o que melhor atender aos interesses dos menores,[141] lembrando que o fato de a guarda ser estabelecida unilateralmente não significa que a família se encontra destruída, mas, de certa forma, dividida.

3.2.1 O Interesse do Menor

Se, de um lado, a legislação que trata sobre a guarda visa a proteger, de forma geral e abstrata, os interesses dos menores, de outro, busca garantir os interesses individuais e concretos das crianças e, para assegurar esses interesses concretos, faz-se necessária uma avaliação individualizada. Assim posto, o juiz, para conceder a guarda a um dos cônjuges, faz uma análise de toda a situação, avaliando os interesses materiais, morais, emocionais e mentais do menor. Expresso de outra forma, o magistrado deve analisar cada caso, buscando uma formação equilibrada para o menor.

139 MOTTA, Verônica A. da; FERREIRA, Cesar; MACEDO, Rosa Maria Stefanini de. **Guarda compartilhada**: uma visão psicojurídica. Porto Alegre: Artmed, 2016. p. 33.

140 Antes mesmo da entrada em vigor da Emenda Constitucional nº 66/2010, a jurisprudência já entendia que não havia relação entre a custódia dos filhos e a culpa pelo fim da vida conjugal. Até porque, levar em consideração a culpa no momento de deferir a guarda dos filhos, concedendo-a ao cônjuge inocente – como se esse fosse merecedor de um troféu – é priorizar os interesses dos genitores, em vez de considerar a felicidade dos filhos, que nada têm a ver com a culpa pelo insucesso da relação.

141 Em relação ao interesse do menor, antes da entrada em vigor da EC nº 66/10, a chamada nova Lei do Divórcio, o juiz poderia recusar-se a homologar a separação ou o divórcio, caso não atendesse aos interesses dos menores (art. 1.574, parágrafo único do CC).

Segundo o art. 1.586 do CC, é facultado ao juiz dispor sobre a guarda da maneira que julgar mais conveniente, considerando, sempre, em caráter essencial, os interesses dos menores:

> Art. 1.586. Havendo motivos graves, poderá o juiz, em qualquer caso, a bem dos filhos, regular de maneira diferente da estabelecida nos artigos antecedentes a situação deles para com os pais.

Como já referido, os interesses dos filhos devem sobrepor-se aos dos pais. Assim, no tocante à guarda, respeitam-se os interesses dos pais, desde que esses não se choquem com os interesses dos menores. Clarificando, em alguns casos, como, por exemplo, se o pai estiver preso, e a mãe for usuária de crack, a preservação do interesse do menor não será ficar sob a guarda da mãe, e sim sob os cuidados de um terceiro, quem sabe a avó, que poderá garantir um desenvolvimento sadio.[142]

Por conseguinte, a definição do princípio do *melhor interesse do menor* não é precisa, uma vez que consiste em um conjunto de elementos que, no caso concreto, clarificarão o que é melhor para a criança na situação em que ela se encontra. Na realidade, *o melhor interesse da criança* é identificado por intermédio do acompanhamento da evolução singular de cada família, por esse motivo, não há uma definição exata, pois essa se formará diante das diversas situações da vida.[143] Dessa forma, pode-se citar como exemplo desses elementos, que devem ser levados em consideração, o desenvolvimento físico e moral; a afinidade que o menor possui com o pai ou com a mãe; o apego com os irmãos; as condições materiais, morais e físicas dos genitores; a idade e o sexo do menor, etc. Trata-se, portanto, de um exame prático, cujos elementos mencionados servem de guia norteador para verificar o melhor interesse dos menores.

[142] No que diz respeito à concessão da guarda a terceiros, visando a preservar o melhor interesse do menor, segue abaixo o entendimento da Oitava Câmara Cível do Tribunal de Justiça do RS: EMENTA: APELAÇÃO. GUARDA. CONCESSÃO Á AVÓ MATERNA. ADEQUAÇÃO. Caso em que se mostra adequada a concessão da guarda à avó materna, porquanto comprovada a situação de abuso e negligência a que a menina estava submetida, quando sob os cuidados da mãe. Avó que apresenta condições satisfatórias para exercer a guarda. NEGARAM PROVIMENTO. RIO GRANDE DO SUL. Tribunal de Justiça. **Apelação Cível nº 70039943642**. Relator: Rui Portanova. Oitava Câmara Cível. Julgado em: 07 abr. 2011. Disponível em: <www.tjrs.jus.br>. Acesso em: 18 dez. 2012.

[143] SOTTOMAYOR, Maria Clara. **Exercício do poder parental**. Porto: Universidade Católica, 2003. p. 65-68.

Apesar de a família estar dividida, a criança precisa se sentir inteira e que não é um mero hóspede na outra casa, mas que pertence a essa. Poucos sentimentos são tão prazerosos como o sentimento de pertencimento. Nas palavras de César Ferreira: "Só se separa filho de pai ou mãe por razões realmente imperativas confirmatórias de que uma ou outra presença – ou ambas – é prejudicial à criança" (2016 p. 1030), lembrando que a criança pode até não entender direito, nessas situações, o que se passa, porém ela tem o registro das emoções.

Ainda no que se refere à preservação do menor, verifica-se a necessidade de saber distinguir o interesse moral do material. O primeiro prevalece sobre o segundo, uma vez que o interesse moral está relacionado a uma formação eficiente nos aspectos social, ambiental, espiritual, psicológico e educacional. Entretanto, em alguns casos, o interesse material prevalece sobre o moral, temporariamente.[144] Essa situação pode ser exemplificada quando o menor está gravemente doente e precisa de meios econômicos, porém, importa ressaltar que, mesmo nesse caso, o interesse material não pode ser considerado fator decisivo para a concessão da guarda, porque, mesmo que o genitor com melhores condições financeiras não detenha a guarda, ainda assim tem a obrigação de transferir os recursos para que o filho possa se curar.

3.2.2 Idade e Sexo

Em se tratando de criança de tenra idade, é normal que ela seja mais apegada à mãe, tendo em vista que, desde o nascimento até mais ou menos os dois anos de idade, a sobrevivência do menor depende da genitora. Por essa razão, antes da entrada em vigor da Lei nº 13.058/2014, havia uma tendência de ser concedida a guarda à mãe. Entretanto, isso mudava quando a criança começava a frequentar a escola, passando a ter vontade própria e a julgar as atitudes de seus genitores. Logo, o juiz deve avaliar todos os fatores relacionados ao interesse do menor, bem como a disponibilidade e a dedicação dos pais com os seus filhos.

[144] GRISARD FILHO, Waldir. **Guarda compartilhada**: um modelo de responsabilidade parental. São Paulo: Revistas dos Tribunais, 2010. p. 77.

Nesse contexto, observa-se que a legislação não leva em consideração o sexo, mas o bem-estar. Em outras palavras, nada impede que uma menina fique sob a guarda do pai, ou um menino, sob a guarda da mãe. O que pode ocorrer, por exemplo, é que uma menina de 13 anos, em razão de estar entrando na adolescência, prefira ficar com a mãe por se identificar mais com essa na nova fase da vida, lembrando que a maternidade e a paternidade se constroem na convivência e na interação.

Portanto, o que prevalece é a idoneidade dos pais e a capacidade que esses apresentam para exercerem as suas funções a fim de promover o desenvolvimento integral de seus filhos.[145]

3.2.3 A Relação com os Irmãos

O posicionamento dominante é que não se deve separar os irmãos. A separação não é aconselhável, considerando que enfraquece o companheirismo entre eles. Assim, o ideal, diante do rompimento da vida conjugal dos pais, é que os irmãos permaneçam unidos, até porque enfrentar esse momento, juntos torna-o menos dolorido. Quando não for possível manter os irmãos juntos, recomenda-se um amplo regime de visitas para que possam conviver o máximo possível.

3.2.4 A Opinião do Menor

A legislação civil brasileira silencia quanto à oitiva do menor nos processos de dissolução e divórcio. Diante da disputa pela guarda dos menores, não raramente, os pais influenciam os filhos para que manifestem a sua preferência para estar sob a guarda de um dos genitores. Por essa razão, é importante levar em consideração, ao ouvir o menor, a sua idade e o seu grau de maturidade. Nesse sentido, há uma tendência dos Juízos de Família a ouvir o menor, mas jamais exigir que escolha com quem quer ficar, pois seria uma situação de alto constrangimento para a criança dizer com quem deseja morar. Sendo assim, nada impede que

[145] GRISARD FILHO, Waldir. **Guarda compartilhada**: um modelo de responsabilidade parental. São Paulo: Revistas dos Tribunais, 2010. p. 79.

o menor seja ouvido sempre que as circunstâncias exigirem[146], porque ouvir o que o menor tem a dizer pode ajudar o juiz no momento de sentenciar, trazendo a sentença mais próxima da realidade.

Nessa mesma linha de raciocínio, seguem os arts. 161, § 3º, o 168 do ECA e o art. 12, item I da Convenção sobre os Direitos da Criança de 1989[147].

3.2.5 Comportamento dos Pais

Da mesma forma que os interesses e as necessidades do menor são levados em consideração, as condições dos pais – como profissão, renda mensal, habitação, idoneidade, caráter, equilíbrio emocional, etc. – também são consideradas no momento de decidir acerca da guarda. Em se tratando de pais que apresentem condutas reprováveis ou ilícitas, as suas relações com os menores devem ser limitadas. Condutas ilícitas, reprováveis ou imorais não podem ser confundidas com o fato, por exemplo, de um dos genitores ter traído o outro cônjuge. Logo, caso um dos genitores tenha falhado como esposa ou esposo, isso não deve ser considerado no tocante à guarda. O que realmente importa é o fato de ser um bom pai ou uma boa mãe, apresentando condições de garantir os interesses dos menores, assegurando o seu bem-estar.

Vale ressaltar que as conveniências ou as preferências sexuais dos pais não obstaculizam o deferimento da guarda,[148] mesmo porque a concessão

[146] GRISARD FILHO, Waldir. **Guarda compartilhada**: um modelo de responsabilidade parental. São Paulo: Revistas dos Tribunais, 2010. p. 81.

[147] Nesse sentido, segue a posição da Sétima Câmara Cível do Tribunal de Justiça do Rio Grande do Sul: EMENTA: AÇÃO DE GUARDA E DE BUSCA E APREENSÃO DE MENOR. MANIFESTANDO O MENOR, COM 10 ANOS DE IDADE, A INTENÇÃO DE CONTINUAR RESIDINDO COM O GENITOR, NA COMPANHIA DE QUEM ESTA HA MAIS DE 2 ANOS, NADA JUSTIFICA TRANSFERIR A GUARDA A GENITORA, QUE NADA TRAZ A EVIDENCIAR EVENTUAL PREJUÍZO AO MENOR DE QUE A SITUAÇÃO ASSIM PERMANEÇA. APELO IMPROVIDO. (04 FLS). RIO GRANDE DO SUL. Tribunal de Justiça. **Apelação Cível nº 70000459420**. Relatora: Maria Berenice Dias. Sétima Câmara Cível. Julgado em: 29 mar. 2000. Disponível em: <www.tjrs.jus.br>. Acesso em: 18 dez. 2012.

[148] Nesse sentido, segue o entendimento do Tribunal de Justiça de São Paulo: Criança ou adolescente – Guarda – Pedido formulado por homossexual – Deferimento – Medida de natureza provisória que pode ser revogada se constatado desvio na formação psicológica do menor. O fato do guardião

da guarda ao pai homossexual não provoca desvio na formação psicológica do menor.[149]

3.2.6 Situando os Filhos Quanto à Guarda e à Parentalidade

O meio hostil e agressivo oriundo dos conflitos vividos por casais demanda muitos pensamentos ansiosos e inseguros na criança. José Ovídio Waldemar[150] aborda que o processo de separação dos pais terá maior ou menor impacto na reação das crianças dependendo da idade, do temperamento e da capacidade da criança em lidar com a situação. Depende do clima entre os pais, ou seja, quanto maior o conflito entre os pais, mais problemáticos são os filhos.

Há uma unanimidade entre os autores em perceber vários medos, tais como:

a. *o medo de perder a família*: a criança fica atônita no meio das brigas com pensamentos catastróficos em relação ao destino familiar e de si mesma. Isso provoca muitos medos, angústias e pânico de ficar só. John Bowlby declara que "a grande fonte de terror, na infância, é a solidão".[151] Por isso, é fundamental que a criança receba informações corretas e sem mentiras que possam atordoá-la ainda mais, mas informações que a acalmem. Informações que a ajudem a entender as confusões não criadas por suas inabilidades, mas porque são mesmo difíceis de entender;

b. *o medo de ficar sem atenção*: muitos pais realmente não conseguem dar atenção nem os cuidados básicos em situações de grande conflito, assim, a criança sente-se como se tivesse sido abandonada, mesmo que os pais estejam presentes, porque a criança

ser homossexual não obstaculiza o deferimento da guarda da criança, pois esta é medida de natureza provisória, podendo, portanto, ser revogada a qualquer momento diante da constatação de desvirtuamento da formação psicológica do menor. SÃO PAULO. Tribunal de Justiça. **Apelação Cível nº 35466-0/7**. Câmara Especial. Disponível em: <www.tjsp.jus.br>. Acesso em: 18 dez. 2012.

149 GRISARD FILHO, Waldir. **Guarda compartilhada**: um modelo de responsabilidade parental. São Paulo: Revistas dos Tribunais, 2010. p. 84.

150 WALDEMAR, J. O. Divórcios e recasamentos: enfrentando o desconhecido. In: PRADO, L. C. (Org.). **Famílias e terapeutas**: construindo caminhos. Porto Alegre: Artes Médicas, 1996. p. 176-187.

151 BOWLBY, John. **Apego e perda**. São Paulo: Martins Fontes, 1984. v. 2: Separação. p. 34.

não os sente disponíveis para ela e também não tem a percepção de que eles a percebem;

c. *a perda do amor*: se papai e mamãe deixaram de se amar, poderão deixar de gostar de mim também? Essa é uma dúvida cruel apresentada pelas crianças. Muitos pais absortos nas suas tristezas não conseguem ser afetivos e disponíveis emocionalmente para com a criança e isso incrementa na criança fantasias de desamor. Sigmund Freud, citado por Eduardo Bowlby[152], afirma que a angústia nas crianças nada mais é, originalmente, do que a expressão do fato de estarem sentindo a perda da pessoa amada. Por isso, ajudar a criança na gestão de seus afetos é fundamental, reforçando-a a demonstrar seus afetos com liberdade, podendo falar das "coisas" que doem;

d. *o medo de muitas mudanças*: como ter de mudar de escola, ficar longe dos colegas, dos avós e do que é conhecido. Muitos adultos pioram a situação fazendo afirmações que nem sabem e isso acaba confundindo muito mais a criança;

e. *o medo do abandono*: onde há agressividade e raiva continuadas, muitas palavras não pensadas são ditas, tais como: "Eu vou embora, vou sumir daqui, vou desaparecer". Isso pode provocar muito medo na criança de ficar só e sem cuidado. Nesse contexto, Bowlby cita G. K. Chesterton, "Durante todo o período de sofrimento, o horror maior foi o isolamento, e não há palavras que descrevam o abismo existente entre estar só e contar com um aliado".[153] É verdadeiro que quanto mais uma criança sente a ameaça de abandono, mais reações disfuncionais tende a ter, o que aumenta as previsões negativas da criança em relação ao futuro;

f. *a culpa*: a tendência é a criança não se ver como vítima, mas se colocar como a responsável pelo conflito, principalmente, quando a criança sente que o tópico da briga são assuntos ligados a ela, ou quando o pai ou a mãe, enfim, um adulto dá a atender, dissimulada ou abertamente, que a criança é a culpada

152 BOWLBY, John. **Apego e perda**. São Paulo: Martins Fontes, 1984. v. 2: Separação. p. 35.

153 Ibid., p. 219.

dos desentendimentos, funcionamento comum em casos de separação. Mesmo que os assuntos sejam outros, ainda assim a criança pode se sentir responsável, de alguma forma, pelo conflito. Surgem indagações como: "o que eu fiz de errado," ou ainda "o que poderia ter feito diferente", "se eu tivesse me comportado melhor, será que eles teriam deixado de brigar?" A situação de dano culmina quando um dos pais, abertamente, condena a criança por alguma crise, agredindo-a, verbal ou fisicamente, e desqualificando. Nesse caso, a criança entra em grande sofrimento. Sempre que possível, a criança deve ser isentada de qualquer responsabilidade;

g. *a impotência frente à resolução do conflito*: a criança pensa que ela deve fazer alguma coisa positiva na resolução do conflito, isso faz com que muitas crianças amadureçam repentinamente, deixando de ser crianças, e, em casos graves, sendo elas as "adultas" responsáveis por colocarem limites nos pais. Isso é extremamente desgastante, estressante e cruel para com as crianças. Muitas crianças atribuem a si a tarefa de distrair os pais dos conflitos que estão vivendo, e não é raro, nesses casos, a criança adoecer ou passar a ter problemas escolares e de conduta, como forma de direcionar o olhar dos pais em outra direção que não para o conflito;

h. *lealdade*: quando a lealdade é cobrada da criança, exigindo que esta se posicione nas brigas ou em relação ao conflito e escolha o seu "time", isso é algo profundamente doloroso e que causa a sensação de ruptura, não somente externa, mas interna na criança. Esse sentimento não dá oportunidade de a criança sentir-se à vontade, transitando livremente entre a família e entre seus afetos. A criança vive apreensiva, com medo, "pisando em ovos", como se diz popularmente;

i. *o medo do futuro*: o medo do que pode vir a acontecer com os pais e com ela. De acordo com o nível de ansiedade, é imaginado um futuro obscuro e assustador. Isso quer dizer que quanto maior for a ansiedade, maior será a sensação de ameaça. Nesse caso, o futuro é visto como catastrófico e causa muito desânimo na criança.

John M. Haynes e Marilene Marodin[154], no livro *Fundamentos da Mediação Familiar*, abordam pontos importantes que devem ser observados em relação aos filhos e, dentro do possível, estes devem ser orientados com frases que auxiliam a criança a se situar na situação de conflito, tais como:

a. seus pais estão se separando.
b. vocês não causaram isso.
c. vocês não poderiam tê-los impedido no passado e vocês não serão capazes de mudá-los no futuro.
d. os pais querem que vocês saibam que os amam agora como sempre amaram.
e. os filhos não têm que escolher entre os pais.

Nesse sentido, explicar o que significa "seus pais estão se separando" é fundamental. O que parece óbvio para adultos pode trazer muitas dúvidas para as crianças. Muitos pais não são capazes ou às vezes nem têm condições de explicar às crianças o que está acontecendo. Imagine falar de termos como guarda ou tipos de guarda. Quando as crianças não são situadas com o que está ocorrendo, ficam mais assustadas e sofrem mais. Isso não significa dar detalhes de um processo, tampouco formular justificativas ou pormenores de questões judiciais, mas poder responder ao básico do que está sendo vivenciado para que a criança possa se tranquilizar.

As crianças ficam aliviadas quando sabem que a separação é decisão de "gente adulta" e não decorrência do que elas possam ter feito. Na Psicologia, o termo "culpa onipotente" é utilizado para crianças que, ao verem os pais se separando, acreditam que, de alguma forma, a culpa foi delas, como se elas tivessem esse poder, e acreditam que devem achar uma forma de resolver a situação. Muitas delas fazem isso adoecendo.[155] Portanto, é importante mostrar a elas que não são responsáveis, que é uma decisão marital, conjugal, para que possam retirar a responsabilidade de si.

No mesmo raciocínio vem a questão de as crianças terem claro que não poderiam ter feito nada para impedir a situação nem para que chegasse aonde chegou, tampouco imaginar que podem fazer algo, em se

[154] HAYNES, John M.; MARODIN, M. **Fundamentos da mediação familiar**. Porto Alegre: Artes Medicas, 1996. p. 114.

[155] MANFRO, M. C. F. Onipotência. **Jornal NH**, Novo Hamburgo, Caderno Viver, 25 jan. 2016.

tratando de futuro, para juntar novamente os pais. Se julgarem que os pais podem se reconciliar, podem tentar fazer coisas para que isso aconteça, somente aumentando a frustração e a sensação de fracasso. Fantasias de futura reconciliação também não são benéficas para a criança, uma vez que mais dificuldade terá de elaborar a separação.

O mais importante é que os pais continuam a amá-las, agora e sempre. O amor não muda, o sentimento não muda. Pelo contrário, os pais podem ser incentivados a estarem mais próximos do que eram. Frases como "sempre serei sua mãe", "o pai continua perto", "você sempre será cuidado e protegido da mesma forma" e "você tem acesso e pode contar com a mãe e pai da mesma forma" auxiliam muito nessa passagem de etapa em que a criança está assustada e confusa.

Por final, o mais importante é a criança saber que não tem de escolher entre pai e mãe. É comum os adultos ainda terem brigas e desavenças nesse processo, mas é preciso deixar claro que a criança não tem de tomar partido e não deve ser cobrada ou usada nessas situações.

3.3 O fim da vida conjugal: a problemática estipulação da guarda

É indiscutível que, quando a família permanece unida, física e afetivamente, não há que se tratar de guarda, visto que os filhos se encontram felizes na companhia de seus pais. Todavia, quando a vida conjugal chega ao fim é que iniciam os conflitos, principalmente, para os filhos, os que mais sofrem com o rompimento e com as desavenças de seus genitores. Com a separação do casal, a autoridade parental, antes exercida por ambos, pai e mãe, passava a ser exercida por apenas um dos genitores, cabendo ao outro o papel secundário (visitas, alimentos e fiscalização), isto é, antes da vigência da Lei nº Lei nº11.698/08, apenas um dos genitores exercia de forma prática a guarda, conforme explica Rolf Madaleno:

> Embora a separação dos pais não lhes retire o poder familiar sobre os filhos, induvidoso reconhecer que o detentor da guarda física

dos filhos toma as decisões diárias acerca do interesse da prole. Uma noção conjunta de decisões dos pais velando por seu filhos só era juridicamente concebida durante a harmônica convivência dos pais.[156]

Com base na leitura do art. 10, § 1º da antiga Lei do Divórcio, bem como do art. 16 do Dec. Lei nº 3.200/1941, percebe-se que a posição da mãe era considerada mais adequada para ficar com a guarda dos filhos menores, porém, essa tendência foi se modificando, e o critério para análise dos pais passou a ser a idoneidade, conforme os arts. 1.583 (antiga redação) e 1.589, ambos do CC.

Antes da Revolução Industrial, a preferência pela guarda dos filhos pertencia aos pais (homens). Após a referida Revolução, os homens passaram a trabalhar em fábricas e oficinas, ou seja, fora do âmbito familiar, enquanto as mulheres ficaram responsáveis pela administração do lar e pela criação dos filhos. A partir desse marco, a guarda, que antes era conferida aos pais, passou a ser concedida às mães, que, frequentemente, viam-se sobrecarregadas com as tarefas domésticas e a educação dos filhos.

Esse cenário, marcado pelo pai provedor e pela mãe dona de casa, permaneceu até mais ou menos a década de 60 do século XX, momento em que as mulheres começaram a ingressar no mercado de trabalho. Na realidade, não se trata de uma inversão de papéis em que o homem passa a se dedicar ao lar, e a mulher, ao trabalho, mas verifica-se que, em decorrência do fato de a mulher trabalhar fora, ajudando no sustento da família, o homem assume mais responsabilidades no lar, mostrando-se interessado em participar da vida dos filhos.

Em uma situação de rompimento da vida conjugal, considerando as mudanças ocorridas nos âmbitos social e familiar, a guarda, antes concedida de forma unilateral – que limitava o contato do genitor com a prole –, passa a ser questionada por uma corrente que sustenta o exercício da autoridade parental em conjunto. Em vista do desejo de ambos os genitores participarem das decisões relacionadas aos seus filhos, mantendo a proximidade antes existente, surge a ideia de um novo modelo de guarda, a guarda compartilhada. Portanto, diante das mudanças que

[156] MADALENO, Rolf Hanseen. **Curso de direito de família**. 4. ed. Rio de Janeiro: Forense, 2011. p. 423.

foram ocorrendo a partir da segunda metade do século XX, passou-se a discutir novos modelos de guarda em que o exercício da parentalidade fosse exercido em condições de igualdade.[157].

Como não havia uma ampla legislação que tratasse sobre o assunto, a doutrina e a jurisprudência foram traçando caminhos que privilegiavam a manutenção da relação entre pais e filhos, eliminando toda e qualquer diferença entre pai e mãe, conforme o art. 226, § 5º, da Constituição Federal[158].

É certo que essa modalidade de guarda pode ser considerada como uma resposta eficaz à continuidade das relações dos filhos com ambos os pais, diminuindo o sofrimento de quem acaba de passar por uma ruptura. Dessa forma, os genitores, apesar de viverem separados, em casas diferentes, continuam participando ativamente da formação de seus filhos, deixando-lhes bem claro que o rompimento foi na vida conjugal, entre homem e mulher, e não na relação parental entre pai e mãe.

3.4 O surgimento da guarda compartilhada

O instituto da Guarda Compartilhada surgiu na Inglaterra, expandindo-se em Portugal, na França e no Canadá; nos Estados Unidos, recebeu maior notoriedade. No Brasil, em 13 de junho de 2008, foi publicada a Lei nº 11.698, que alterou os arts. 1.583 e 1.584 do Código Civil, instaurando a guarda compartilhada no ordenamento pátrio. Embora essa modalidade seja muito criticada, em razão do estresse que pode vir a causar na criança, a maioria dos pontos negativos mencionados está relacionada ao modelo de guarda alternada, que não pode ser confundida com a guarda compartilhada, pois os efeitos positivos desta sobressaem-se às críticas.

[157] GRISARD FILHO, Waldir. **Guarda compartilhada**: um modelo de responsabilidade parental. São Paulo: Revistas dos Tribunais, 2010. p. 123.

[158] "Art. 226. A família, base da sociedade, tem especial proteção do Estado.

[...]

§ 5º Os direitos e deveres referentes à sociedade conjugal são exercidos igualmente pelo homem e pela mulher.

[...]".

A elaboração de uma lei que versasse sobre uma nova modalidade de guarda, a guarda compartilhada, surgiu com a "pressão" de movimentos sociais, como a Associação Pais para Sempre e a APASE (Associação de Pais Separados do Brasil). Essas associações buscam o reconhecimento dos direitos e dos deveres daqueles pais que, mesmo após o rompimento do vínculo conjugal, desejam manter um relacionamento o mais próximo possível de seus filhos, exercendo as suas responsabilidades e obrigações. Na ocasião, adotaram como o lema "A separação e o divórcio devem acontecer entre os pais, não entre os filhos"[159], até porque, segundo o art. 1.632 do CC, o poder parental subsiste absolutamente intacto após a separação, o divórcio ou a dissolução de união estável.

3.5. Lei nº 11.698/2008

O PRESIDENTE DA REPÚBLICA

Faço saber que o Congresso Nacional decreta e eu sanciono a seguinte Lei:

Art. 1º. Os arts. 1.583 e 1.584 da Lei no 10.406, de 10 de janeiro de 2002 – Código Civil, passam a vigorar com a seguinte redação:

Art. 1.583. A guarda será unilateral ou compartilhada.

§ 1º Compreende-se por guarda unilateral a atribuída a um só dos genitores ou a alguém que o substitua (art. 1.584, § 5º) e, por guarda compartilhada a responsabilização conjunta e o exercício de direitos e deveres do pai e da mãe que não vivam sob o mesmo teto, concernentes ao poder familiar dos filhos comuns.

§ 2º A guarda unilateral será atribuída ao genitor que revele melhores condições para exercê-la e, objetivamente, mais aptidão para propiciar aos filhos os seguintes fatores:

I – afeto nas relações com o genitor e com o grupo familiar;

II – saúde e segurança;

III – educação.

159 OLIVEIRA, José F. B. de. **Guarda compartilhada**: comentários à lei nº 11.698/08. Rio de Janeiro: Espaço Jurídico, 2008. p. 55.

§ 3º A guarda unilateral obriga o pai ou a mãe que não a detenha a supervisionar os interesses dos filhos.

§ 4º (VETADO).

Art. 1.584. A guarda, unilateral ou compartilhada, poderá ser:

I – requerida, por consenso, pelo pai e pela mãe, ou por qualquer deles, em ação autônoma de separação, de divórcio, de dissolução de união estável ou em medida cautelar;

II – decretada pelo juiz, em atenção a necessidades específicas do filho, ou em razão da distribuição de tempo necessário ao convívio deste com o pai e com a mãe.

§ 1º Na audiência de conciliação, o juiz informará ao pai e à mãe o significado da guarda compartilhada, a sua importância, a similitude de deveres e direitos atribuídos aos genitores e as sanções pelo descumprimento de suas cláusulas.

§ 2º Quando não houver acordo entre a mãe e o pai quanto à guarda do filho, será aplicada, sempre que possível, a guarda compartilhada.

§ 3º Para estabelecer as atribuições do pai e da mãe e os períodos de convivência sob guarda compartilhada, o juiz, de ofício ou a requerimento do Ministério Público, poderá basear-se em orientação técnico-profissional ou de equipe interdisciplinar.

§ 4º A alteração não autorizada ou o descumprimento imotivado de cláusula de guarda, unilateral ou compartilhada, poderá implicar a redução de prerrogativas atribuídas ao seu detentor, inclusive quanto ao número de horas de convivência com o filho.

§ 5º Se o juiz verificar que o filho não deve permanecer sob a guarda do pai ou da mãe, deferirá a guarda à pessoa que revele compatibilidade com a natureza da medida, considerados, de preferência, o grau de parentesco e as relações de afinidade e afetividade.

Art. 2º Esta Lei entra em vigor após decorridos 60 (sessenta) dias de sua publicação.

Brasília, 13 de junho de 2008; 187º da Independência e 120º da República.

LUIZ INÁCIO LULA DA SILVA

Luiz Paulo Teles Ferreira Barreto

José Antonio Dias Toffoli

3.6 Comentários à Lei nº 11.698/2008

Primeiramente, importa ressaltar que a referida lei modificou completamente as redações dos arts. 1.583 e 1.584 do Código Civil brasileiro, que, antes da Lei nº 11.698 de 2008, apresentavam as seguintes redações:

> Art. 1.583. No caso de dissolução da sociedade ou vínculo conjugal pela separação judicial por mútuo consentimento ou pelo divórcio direto consensual, observar-se-á o que os cônjuges acordarem sobre a guarda dos filhos.
>
> Art. 1.584. Decretada a separação judicial ou o divórcio, sem que haja entre as partes acordo quanto à guarda dos filhos, será ela atribuída a quem revelar melhores condições para exercê-la.

Como se pode verificar, a referida lei disciplina o instituto da guarda nas hipóteses de dissolução da sociedade conjugal, seja por meio da dissolução de união estável ou pelo divórcio, bem como em qualquer outra hipótese em que há necessidade de fixação de guarda. A Lei nº 11.698/2008 apresenta duas modalidades de guarda: a unilateral e a compartilhada. Nesse sentido, o § 1º do art. 1.583 explica que a guarda unilateral é aquela atribuída a um só dos genitores ou alguém que o substitua (art. 1.584, § 1º); já na guarda compartilhada, a responsabilidade, os direitos e os deveres referentes à prole são exercidos de forma conjunta, ou seja, por ambos os pais.

O parágrafo único do art. 1.584 foi substituído pelo § 5º do inciso II do art. 1º da lei mencionada e traz praticamente a mesma redação, a única diferença é que a nova redação omite a expressão "de acordo com o disposto na lei específica". A expressão "de acordo com o disposto na lei específica" referia-se à lei do divórcio, no sentido de que, no momento da fixação da guarda, o juiz deveria atentar para a lei específica, no caso em tela, para os dispositivos da lei do divórcio que tratavam sobre a guarda. Segue abaixo, respectivamente, a redação do extinto parágrafo único do art. 1.584 e do § 5º do inciso II do art. 1º.

> Parágrafo único. Verificando que os filhos não devem permanecer sob a guarda do pai ou da mãe, o juiz deferirá a sua guarda à pessoa que revele compatibilidade com a natureza da medida, de preferência levando em conta o grau de parentesco e relação de afinidade e afetividade, de acordo com o disposto na lei específica.

Art. 1º
II – [...]

> § 5º Se o juiz verificar que o filho não deve permanecer sob a guarda do pai ou da mãe, deferirá a guarda à pessoa que revele compatibilidade com a natureza da medida, considerados, de preferência, o grau de parentesco e as relações de afinidade e afetividade.

A supervisão dos interesses dos filhos, na guarda unilateral, passa a ser obrigação de ambos os pais, ou seja, o genitor não guardião também tem a obrigação de supervisionar o que é melhor para os seus filhos, conforme o § 3º do art. 1.583, razão pela qual é estabelecido o direito de visitas. Dessa forma, observa-se que o genitor não guardião, por meio do contato que possui com os filhos, com a regulamentação de visitas, pode fiscalizar a manutenção e a educação, conforme o art. 1.589. Na mesma linha de raciocínio, entende-se por "supervisionar o interesse do filho" assisti-lo no aspecto material, moral, psicológico, emocional, etc.

A guarda, unilateral ou compartilhada, de acordo com o inciso I do art. 1.584, pode ser "requerida, por consenso, pelo pai e pela mãe, ou por qualquer deles, em ação autônoma de separação, de divórcio, de dissolução de união estável ou em medida cautelar;". Logo, tem-se que a guarda pode ser requerida não somente em ação própria, mas também em processos de divórcio e dissolução de união estável, já que extinta a separação com a EC nº66/10.

O inciso II do art. 1.584, que consigna que "decretada pelo juiz, em atenção a necessidades específicas do filho, ou em razão da distribuição de tempo necessário ao convívio deste com o pai e com a mãe", refere-se ao fato de que o juiz, ao fixar uma das duas modalidades de guarda, deve atentar para a distribuição de tempo que cada genitor passará na companhia dos filhos. Na realidade, a expressão "distribuição de tempo necessário" está relacionada ao direito de visita.

Nesse sentido, pode-se observar que, antes mesmo de entrar em vigor, a lei da guarda compartilhada já se fazia presente na fixação do regime de visitas, quando estabelecido de forma bastante flexível, nos casos em que houvesse um bom relacionamento entre os genitores.

O direito de visitas é mais um direito do menor que do genitor não guardião, lembrando que pode ser exercido por outras pessoas, como pelos avós. Esse posicionamento foi reafirmado com o Enunciado 333, aprovado na IV Jornada de Direito Civil, promovida pelo Conselho da Justiça Federal-CJF, que registra: "o direito de visita pode ser estendido aos avós e pessoas com as quais a criança ou o adolescente mantenha vínculo afetivo, atendendo ao seu melhor interesse".

A lei traz à tona também a questão do descumprimento das cláusulas de guarda, conforme o § 4º do inciso II do art. 1.584:

> [...]
>
> § 4º A alteração não autorizada ou o descumprimento imotivado de cláusula de guarda, unilateral ou compartilhada, poderá implicar a redução de prerrogativas atribuídas ao seu detentor, inclusive quanto ao número de horas de convivência com o filho.

A situação tratada pelo dispositivo pode ser exemplificada nos casos em que o pai não guardião se recusa a devolver a criança no dia acordado, ou seja, no acordo de guarda consta que o pai não guardião buscará o filho em finais de semana alternados, buscando-o às 18h das sextas-feiras e devolvendo-o às 18h dos domingos. Entretanto, o genitor devolve a criança na segunda ou na terça-feira, não cumprindo com o acordado. Por outro lado, o descumprimento também pode ocorrer por parte do guardião, quando esse se recusa a entregar a criança, impedindo que o outro genitor possa ficar na companhia de seu filho. Para essas situações, podem ser aplicadas penalidades.

Ainda no tocante ao descumprimento de cláusula, em se tratando de guarda compartilhada, caso um dos genitores, por exemplo, transfira a criança de colégio ou a leve para viajar sem o consentimento do outro genitor – estando presente no acordo a necessidade desse consentimento tanto para transferência de escola quanto para viagens –, o juiz poderá, a pedido do outro genitor e em benefício do menor, revogar temporária ou definitivamente a guarda compartilhada, suspendê-la cautelarmente, revertendo, de imediato, o encargo para outro genitor ou pessoas idôneas.[160]

O § 5º do inciso II do art. 1.584 refere-se à possibilidade de o juiz deferir a guarda a uma terceira pessoa quando verificar que o menor não deve permanecer sob a guarda do pai ou da mãe. A pessoa para a

[160] OLIVEIRA, José F. B. de. **Guarda compartilhada**: comentários à lei nº 11.698/08. Rio de Janeiro: Espaço Jurídico, 2008. p. 49.

qual será deferida a guarda deve ser idônea e capacitada para o exercício do encargo. Além disso, de preferência, que seja um parente próximo, como avós, tios, irmãos, inclusive ex-padrastos e ex-madrastas, afinal, não raramente esses últimos criam e cultivam um amor muito grande pelo menor, apresentando, assim, uma relação marcada pela afinidade.[161] Esse também é o entendimento da Oitava Câmara Cível do Tribunal de Justiça do RS[162].

Dentro dessa linha, cabe lembrar que a guarda deferida a terceiros, priorizando os vínculos de parentesco, afetivo e de afinidade, trata-se de uma medida excepcional, que está relacionada ao conceito de família extensa ou ampliada.[163] Dito de outra forma, família extensa ou ampliada pode ser entendida como uma estrutura mais ampla, que se estende de pais e filhos aos avós, netos, tios, como também a padrastos e madrastas.

3.7 O modelo de guarda compartilhada

A guarda compartilhada busca reorganizar as relações entre pais e filhos que estão passando ou passaram por um período doloroso resultante do rompimento conjugal. Nesse diapasão, observa-se que "a guarda compartilha é a atribuição da guarda jurídica do menor a ambos os pais, para que exerçam igualitariamente os direitos e deveres

161 GRISARD FILHO, Waldir. **Guarda compartilhada**: um modelo de responsabilidade parental. São Paulo: Revistas dos Tribunais, 2010. p. 50.

162 EMENTA: AÇÃO DE DESTITUIÇÃO DE PODER FAMILIAR. CUMULAÇÃO COM PEDIDO DE GUARDA, E NÃO DE ADOÇÃO. ART. 33, § 2º, DO ECA. Tendo sido a ação de destituição do poder familiar ajuizada pela madrasta da menor contra a genitora, cumulada com pedido de guarda tão somente, e não de adoção, não se justifica a decretação da medida mais drástica de destituição do poder familiar -, sendo suficiente a suspensão do poder familiar para atender o pedido, já que os laudos interdisciplinares são favoráveis ao deferimento da guarda à madrasta, a qual ela já exerce de fato há anos. Aplicação do art. 33, § 2º, do ECA. Apelação parcialmente provida. RIO GRANDE DO SUL. Tribunal de Justiça. **Apelação Cível nº 70029243318**. Relator: José Ataídes Siqueira Trindade. Oitava Câmara Cível. Julgado em: 23 abr. 2009. Disponível em: <www.tjrs.jus.br>. Acesso em: 18 dez. 2012.

163 MADALENO, Rolf Hanseen. **Curso de direito de família**. 4. ed. Rio de Janeiro: Forense, 2011. p. 425.

inerentes ao pátrio poder[164], vem assegurar essa continuidade do casal parental, em benefício do menor".[165] Em linhas gerais, esse modelo tem como objetivo diminuir a distância entre a criança e o genitor que não se encontra diariamente na presença do filho. A ideia central desse instituto é fazer com que, apesar de não mais haver o vínculo conjugal entre os genitores, a relação com seus filhos permaneça intacta, ou a menos abalada possível, no sentindo de tranquilizar as crianças de que a mudança se deu na relação entre eles como marido e mulher, e não como pais. Em suma, esse instituto visa a dar continuidade aos vínculos afetivos que uniam os genitores e a prole antes da dissolução da vida conjugal.[166]

Como o próprio nome já assinala, a guarda compartilhada pode ser entendida como um compartilhamento, por ambos os pais, de todos os direitos e deveres referentes à prole, sem que a guarda jurídica seja estabelecida para um dos genitores. Assim, observa-se a existência da guarda física, que é aquela que se refere a com quem reside a criança, e a guarda jurídica, que está relacionada ao sustento, à manutenção e à educação dos filhos[167], como afirma Madaleno:

> O divórcio ou a separação fática dos pais não repercute nas regras de atribuição do exercício do poder familiar, que é exercido em conjunto com o outro genitor, cuja atividade compreende os aspectos pessoais e patrimoniais relacionados com a prole, mas é preciso indicar qual dos progenitores deverá exercer a guarda física dos filhos, encarregado dos cuidados diários da prole.[168]

[164] A expressão "pátrio poder" foi substituída, com a Lei nº10.406/02, pelo chamado poder familiar. Entende-se por poder familiar o conjunto de responsabilidades e direitos que envolvem a relação entre pais e filhos, como deveres de assistência, auxílio e respeito mútuo. No pátrio poder, o exercício das responsabilidades era prerrogativa exclusiva do homem.

[165] OLIVEIRA, José F. B. de. **Guarda compartilhada**: comentários à lei nº 11.698/08. Rio de Janeiro: Espaço Jurídico, 2008. p. 172.

[166] FREITAS, Douglas Phillips. **Guarda compartilhada e as regras da perícia social, psicológica e interdisciplinar**. Florianópolis: Conceito, 2009. p. 47.

[167] OLIVEIRA, op. cit., p. 172.

[168] MADALENO, Rolf Hanseen. **Curso de direito de família**. 4. ed. Rio de Janeiro: Forense, 2011. p. 428.

Dessa forma, tarefas como educação, sustento e demais responsabilidades com a prole são divididas, ou melhor, compartilhadas.[169] O que se percebe é que essa modalidade de guarda proporciona aos pais que não possuem a guarda física uma maior convivência com seus filhos. Dito de outro modo, a figura do genitor visitante é deixada de lado. Marta Mendonça afirma que "guarda compartilhada significa dividir direitos e deveres, igualmente entre os pais. Decidir juntos, debater, ceder, aceitar. Amar e cuidar do jeito que podem sem que haja obstáculos de qualquer tipo. Nada mais do que a relação mais linda do mundo merece".[170]

Assim, deter a guarda do filho deixa de ser troféu e, como sustentam Verônica A. da Motta, Cesar Ferreira e Rosa Maria Stefanini de Macedo,

> A percepção de que o individualismo presente nos tempos que ocorrem pode induzir pais separados a se distanciarem nos cuidados conjuntos com os filhos e a desconsiderarem sua autoridade parental como direito e dever de ambos e, assim, darem à guarda importância maior compartilhada como reforço à memória de que pais são para sempre e de que o desenvolvimento biopsicossocial dos filhos é função deles.[171]

Nesse contexto, oportuno clarificar que esse exercício de guarda não pode ser confundido com a chamada guarda alternada. Embora existam outros modelos de guarda, como a guarda dividida e o aninhamento ou a nidação, na presente pesquisa, optou-se por apenas fazer a diferenciação entre a guarda compartilhada e a alternada, considerando que é justamente nesse ponto que reside a desinformação que acaba resultando em críticas à guarda compartilhada. A guarda alternada possui duas modalidades: a guarda alternada como espécie da unilateral e a guarda alternada como espécie da compartilhada.

169 OLIVEIRA, José F. B. de. **Guarda compartilhada**: comentários à lei nº 11.698/08. Rio de Janeiro: Espaço Jurídico, 2008. p. 168.

170 MENDONÇA, M. Filhos: amar é compartilhar. In: MINAS, A.; VITORINO, D. (Org.). **A morte inventada**: alienação parental em vozes e ensaios. São Paulo: Saraiva, 2014. p. 113.

171 MOTTA, Verônica A. da; FERREIRA, Cesar; MACEDO, Rosa Maria Stefanini de. **Guarda compartilhada**: uma visão psicojurídica. Porto Alegre: Artmed, 2016. p. 37.

3.7.1 Guarda Alternada como Espécie Unilateral

No modelo de guarda alternada como espécie unilateral, ela é exercida por um dos genitores no período que foi estabelecido. Após o término desse período, a guarda é exercida pelo outro genitor, e as decisões referentes aos filhos são tomadas de forma unilateral, isto é, as decisões são tomadas de forma unilateral no período de cada genitor.[172] Nesta modalidade, a criança fica, por exemplo, uma semana como o pai e, na outra, com a mãe. Mesmo que os genitores convivam bem, o fato de a criança ter de se deslocar uma semana (ou um mês, ou um ano, dependendo do que os pais acordaram) para a casa do pai e a outra para a casa da mãe pode vir a causar uma grande confusão mental na criança, que se encontra submetida a uma rotina de frequentes adaptações e readaptações, uma vez que cada genitor a orientará e educará "do seu jeito".

A seguir, pode-se analisar um modelo exemplificativo de guarda alternada.

> Acordam os requerentes quanto ao tempo de permanência, de João e Maria, com os genitores, da seguinte forma:
>
> Na primeira e terceira semana do mês, os menores ficarão na companhia da mãe, de sexta à sexta-feira, ida e retorno às 19 horas.
>
> Na segunda e quarta semana do mês, os menores ficarão na companhia do pai, de sexta à sexta-feira, ida e retorno às 19 horas.
>
> Eventualmente, se por algum programa, como festa de aniversário, cinema, jogo de futebol, entre outras atividades, ultrapassar o horário fixado, a outra parte deverá previamente ser comunicada.
>
> Referente às datas como Natal, Ano Novo será de forma alternada, no ano seguinte de forma invertida. Dia dos Pais com o pai, Dia das mães com a mãe. Aniversário dos menores a ser combinado, ou passarem com ambos os genitores. Férias de verão (Janeiro/Fevereiro), primeira quinzena com a mãe, segunda quinzena com o pai, e assim sucessivamente até o término destas.
>
> Quanto ao vestuário e calçados, de regra, será de forma distribuída, para não haver o incômodo para os menores, de semanalmente

[172] MADALENO, Rolf Hanseen. **Direito de família em pauta**. Porto Alegre: Livraria do Advogado, 2004. p. 89.

> fazerem uma mudança, dito de outra forma, cada genitor deverá providenciar o básico. Evidente que, algumas vestes e objetos pessoais, brinquedos da preferência desses levarão consigo. No tocante ao material escolar e uniforme, esses sempre deverão acompanhá-los.
>
> Quanto à escola e creche, permanecerão frequentando os mesmos estabelecimentos, não haverá mudança quanto a isto. Caberá ao genitor, na companhia de quem estiverem, o encargo de levá-los e buscá-los, bem como, cabe a esse auxiliá-los nas tarefas escolares e outras atividades que vierem a frequentar.
>
> As reuniões na escola e creche deverão ser presenciadas pelos genitores alternadamente, salvo combinação entre ambos. Perante estes estabelecimentos, ambos são responsáveis, devendo ser informado o telefone de cada genitor.
>
> No tocante a médico e dentista são tarefas a serem combinadas entre os genitores, conforme a necessidade, devendo as despesas serem divididas, inclusive a farmácia.
>
> Como os requerentes dividem igualmente o tempo dos filhos, não irão fixar pensão alimentícia, caberá a cada genitor arcar com alimentação. Em relação às despesas de vestuário, calçados, material escolar e uniforme, também serão divididas.

A guarda alternada apresenta uma divisão rígida, em termos de tempo e espaço, não saudável para a criança, uma vez que essa não consegue consolidar os seus hábitos. Dessa forma, verifica-se que a criança necessita do que se chama de "porto seguro", em outras palavras, a sua casa, onde possa reconhecer o seu espaço, o seu mundo. Esse modelo de guarda não é aplicado no Brasil, tendo em vista que foi substituído pelo direito de visitas.

3.7.2 Guarda Alternada como Espécie da Compartilhada

Na guarda alternada como espécie da compartilhada, as decisões acerca da prole são tomadas em conjunto e de forma consensual entre os genitores, tal qual ocorre na guarda compartilhada. Entretanto, o que a difere é que, na guarda alternada na espécie compartilhada, a criança tem livre acesso às residências[173], podendo alternar um período com o pai e outro com a mãe, isto é, a guarda física ora encontra-se com o pai, ora encontra-se com a mãe. Esse modelo de guarda só é viável diante de um total acordo entre os genitores e não deve ser confundido com a guarda compartilhada. Na realidade, essa modalidade seria um avanço da guarda compartilhada simples, uma vez que o tempo de convivência com ambos os genitores seria livre e ilimitado, o que só funcionaria mediante uma completa harmonia entre os guardiões.

Uma vez superada a diferenciação entre a guarda compartilhada com a guarda alternada, pode-se afirmar que o modelo de guarda em voga pressupõe o compartilhamento entre pai e mãe do "poder-dever familiar", visando à melhor comunicação e ao afeto dos genitores com a prole.

Portanto, a participação dos pais na vida dos filhos ocorre de forma igualitária, o que não significa uma repartição do tempo com que cada genitor permanece com os filhos comuns[174], mas ambos participam das decisões em relação aos filhos, evitando sobrecarregar um dos pais. Por exemplo, o pai fica encarregado de levar o filho para escola todos os dias, já a mãe o busca. Continuando, a mãe encarrega-se de levá-lo à natação, o pai, à catequese, e assim por diante. Assim, tanto o pai como a mãe participam ativamente da formação e da educação da prole, sem privilégio de nenhum dos genitores. Atualmente, é o modelo de guarda mais recomendável e conveniente, justamente por atender, de forma mais satisfatória, aos interesses dos menores.

Filhos têm o direito de serem criados por seus pais. Sob esse prisma, apresenta-se, na sequência, um modelo exemplificativo de fixação de guarda compartilhada.

> DA GUARDA, DAS VISITAS, DAS FÉRIAS, DAS DATAS COMEMORATIVAS E DEMAIS FERIADOS:
>
> 1. A guarda será compartilhada, ou seja, os requerentes irão dividir a responsabilidade legal, ficando ao encargo de ambos os genitores, as obrigações, os direitos e os deveres referentes aos menores.

[173] FREITAS, Douglas Phillips. **Guarda compartilhada e as regras da perícia social, psicológica e interdisciplinar**. Florianópolis: Conceito, 2009. p. 46.

[174] GÓMEZ, Fabiola Lathrop. **Custodia compartida de los hijos**. Madrid: La Ley, 2008. p. 279.

2. Os menores ficarão residindo com a mãe, todavia, ficarão na companhia do pai sempre que desejarem e for necessário, visto que, como a requerente é médica, com horário diferenciado, não raramente necessita do auxílio paterno. Portanto, sempre que desejarem e ou quando necessário, as crianças ficarão na companhia do pai, para que este possa atendê-las nas tarefas escolares e mesmo nas extraclasses, a ser combinado previamente entre os requerentes.

3. Apesar da guarda ser compartilhada, os requerentes pré-estabelecem visitas dos menores ao genitor, aos finais de semana de forma alternada, nas sextas-feiras das 18h, permanecendo até às 19h de domingo. Não obstante, as visitas vão ampliadas para dois dias da semana, mais precisamente, terças e quintas-feiras, dias esses em que os menores irão dormir na casa do genitor, com o compromisso deste, no dia seguinte, deixá-los no colégio.

4. Datas comemorativas e feriados: Natal, Ano Novo, Carnaval e Páscoa de maneira alternada, no ano seguinte de forma invertida. Dia dos Pais, com o pai; Dia das Mães, com a mãe; Aniversário dos menores, a ser combinado entre os requerentes.

5. Nos períodos de férias escolares, primeira metade com o pai, segunda com a mãe, ou combinar previamente para que coincidam com as férias de cada genitor. Acordam ainda que, nos períodos de férias escolares, ou no caso de um feriado prolongado, se um dos requerentes quiser viajar juntamente com os filhos, dentro do país, ou para o exterior, terá o aval do outro, pois ora comprometem-se um com o outro, neste sentido.

Vale ressaltar que, quando se afirma que, na guarda compartilhada, os pais participam de forma igualitária das decisões referentes à vida dos seus filhos, significa consignar, por exemplo, que eles escolhem em conjunto o estabelecimento em que as crianças estudarão, a religião que seguirão, o estudo de uma língua estrangeira, etc. Em outros termos, eles exercem em conjunto a autoridade parental da mesma forma como exerciam antes da ruptura.[175] Nas palavras de Madaleno:

> [...] sendo relevante a existência de certa cumplicidade dos genitores, desenvolvida unicamente no propósito de assegurar os superiores

[175] GRISARD FILHO, Waldir. **Guarda compartilhada**: um modelo de responsabilidade parental. São Paulo: Revistas dos Tribunais, 2010. p. 176.

> interesses da prole, também estando presente uma boa dose de flexibilidade dos pais, que devem aceitar seus pontos fortes e fracos na educação dos filhos, e assumir os fatos de que seus papéis parentais precisam ser amoldados à nova realidade sociofamiliar, para que os filhos possam receber o melhor de cada um de seus pais, podendo ocorrer, por exemplo, um deles tem mais paciência e é mais participativo nas lidas infantis, enquanto o outro mais se destaca no papel de impor limites, de forma que cada genitor ajuda ao outro e ambos os auxiliam seus filhos, lhes proporcionando o que ambos têm de melhor.[176]

Assim, tarefas como educação, sustento e demais responsabilidades com a prole são divididas, ou melhor, compartilhadas.[177] Claro que, para que esse instituto funcione, é preciso o mínimo de cordialidade entre os pais para que possam conversar sobre os assuntos referentes aos filhos.

3.8 Alimentos

Em sede de alimentos, seja na guarda unilateral ou na compartilhada, sempre permanecerá o dever dos genitores de prestar alimentos aos filhos. O que ocorre na guarda compartilhada, via de regra, é que inexiste a fixação de alimentos, uma vez que os pais dividem os encargos referentes à criação, ao sustento e à educação dos filhos. Por exemplo, o pai compromete-se a pagar o colégio (material, uniforme, matrícula e transporte escolar), já a mãe opta por adimplir com o plano de saúde, esporte e lazer.[178] É como se houvesse um pagamento contínuo da pensão, pois, como nessa modalidade o genitor não guardião desfruta de maior tempo com a prole, isso implica um dever contínuo de sustento, conforme se pode verificar no seguinte modelo:

[176] MADALENO, Rolf Hanseen. **Curso de direito de família**. 4. ed. Rio de Janeiro: Forense, 2011. p. 424.

[177] OLIVEIRA, José F. B. de. **Guarda compartilhada**: comentários à lei nº 11.698/08. Rio de Janeiro: Espaço Jurídico, 2008. p. 168.

[178] GRISARD FILHO, Waldir. **Guarda compartilhada**: um modelo de responsabilidade parental. São Paulo: Revistas dos Tribunais, 2010. p. 209.

DA PENSÃO ALIMENTÍCIA:

Tratando-se de guarda compartilhada, as despesas dos menores serão compartilhadas entre os requerentes, sendo que irão dividir as despesas dos filhos referentes a vestuário (roupas e calçados), educação (mensalidade escolar, material, livros, uniforme, transporte), saúde (plano de saúde e farmácia), atividades extraclasses, além dos extras. No tocante a alimentação, essa será por conta de cada genitor na companhia do qual se encontrarem.

Quando se menciona que, na maioria dos casos em que se aplica a guarda compartilhada, inexiste fixação de alimentos, não se quer dizer, com isso, que, no termo de dissolução ou divórcio, não conste a parte das despesas referente a cada genitor. É possível que haja a fixação de um valor reduzido em prol do genitor que permanecerá com a guarda física, pois, mesmo que as demais despesas (como colégio, plano de saúde, lazer, esporte) sejam divididas, possivelmente os filhos permanecerão mais tempo na residência do genitor que possui a guarda física. Da análise precedente, pode-se observar que, na guarda compartilhada, há uma maior participação dos genitores nas despesas do dia a dia.

3.9 A aplicação da guarda compartilhada em casos de litígio

Como se pode perceber, o principal objetivo da guarda compartilhada é desenvolver o vínculo afetivo, proporcionando maior tempo de relacionamento dos filhos com os pais após a dissolução do vínculo conjugal. Acompanhada, ainda, da ideia de que a guarda compartilhada visa a uma maior convivência com os pais, vem a presunção de que, para que essa guarda conjunta possa funcionar, é necessário que os genitores tenham, entre si, uma convivência harmônica, marcada pelo respeito.

Entretanto, por incrível que pareça, a guarda compartilhada surgiu justamente para ser estipulada em casos de pais que não conseguem chegar a um acordo, conforme previa a redação do § 2º do inciso II do art. 1.584: "quando não houver acordo entre a mãe e o pai quanto à guarda do filho, será aplicada, sempre que possível, a guarda compartilhada.". Na verdade, esse dispositivo visa a evitar que – em se tratando de genitores em conflito – seja fixado um "guardião da guarda", pois esse, ao dispor de maior tempo de convivência com a criança e estando em atrito com o/a pai/mãe de seu filho, poderá influenciar a criança contra o outro genitor, resultando na SAP.[179]

Clarificando tal situação, não havendo um consenso entre os genitores acerca de com quem ficarão os menores, sugere-se a guarda compartilhada, tendo em vista que, após a ruptura da vida conjugal, em alguns casos e por algum tempo, permanece um sentimento de desprezo entre o casal. Assim, para evitar o distanciamento de um dos genitores e, consequentemente, a ocorrência da síndrome da alienação parental, pode-se aplicar a guarda compartilhada, de modo que o genitor que não detém a guarda física terá maior contato com os filhos, podendo, em alguns casos, dependendo do relacionamento dos genitores, ter livre acesso. Dessa forma, o genitor que não detém a guarda física não será simplesmente um visitante, mas participará da vida do seu filho. Importa ressaltar que, nos estados americanos, em casos de disputa de guarda, o referido modelo é aplicado em cerca de 80% dos casos, em alguns estados, chega a atingir o índice 95%.[180] Desse modo, países como os Estados Unidos, a Alemanha e a Inglaterra adotam o estabelecimento compulsório da guarda compartilhada, uma vez que entendem que essa modalidade é mais adequada do que a unilateral, considerando a redução dos efeitos negativos sentidos pelos filhos em relação à separação dos pais. Além disso, acreditam que esse modelo favorece o contato entre pais e filhos.[181]

Com isso, deve-se observar que a expressão "quando não houver acordo" se refere a uma mera divergência entre os genitores, e não a uma situação de beligerância, hipótese essa em que não seria possível a fixação da guarda compartilhada.[182] Ressalta-se que divergências e opiniões distintas entre os genitores não podem ser encaradas com uma característica negativa, pois a diversidade de pensamento e de concepções

[179] DIETER, C. T. **A polêmica guarda compartilhada**. Campo Bom: Revista Vitrini, 2010. p. 29.

[180] GRISARD FILHO, Waldir. **Guarda compartilhada**: um modelo de responsabilidade parental. São Paulo: Revistas dos Tribunais, 2010. p. 128.

[181] MADALENO, Rolf Hanseen. **Curso de direito de família**. 4. ed. Rio de Janeiro: Forense, 2011. p. 432.

[182] GRISARD FILHO, op. cit., p. 240.

é importante para a evolução dos menores.[183] A situação de litigiosidade extrema ocorre quando os genitores priorizam seus próprios interesses (agredir o outro) e não o fazem em relação ao bem-estar das crianças, deixando de compreender que apenas não são mais marido e esposa, mas não se transformaram em ex-pai e ex-mãe.

Para Magdalena Ramos e Sidney Shaine, os pais trocam acusações graves de incompetência no cumprimento das funções paterna e materna, baseando-se em fatos que, em outro contexto, seriam irrelevantes. Detalhes do cotidiano comuns são pinçados, porém com uma lente de aumento, potencializando questões que seriam normais da vida familiar.[184]

Percebe-se que, em muitos casos, quando a guarda compartilhada é estipulada em situações em que os pais se encontram em conflito extremo, além de causar estresse e desgaste para o próprio casal, resulta em um estresse imensurável aos filhos, que são obrigados a presenciar as brigas dos genitores após a separação. Eduardo de Oliveira Leite afirma que "o ódio não apaziguado é gerador das maiores atrocidades e dos mais graves crimes no ambiente familiar".[185] Nessas circunstâncias de conflito acirrado, em um primeiro momento, a saída é a guarda unilateral, devendo ser deferida para aquele que apresente melhores condições de exercê-la, "ao genitor menos contestador e mais disposto a dar ao outro o direito amplo de visitas"[186], podendo a guarda ser revista a qualquer momento. Dessa forma, caso o conflito entre os genitores seja apaziguado, não há empecilhos para postular a guarda compartilhada. Assim, é necessário analisar, em cada situação, os benefícios trazidos aos filhos. Está fora de qualquer dúvida que o mínimo necessário para aplicação da guarda compartilhada é o diálogo entre os genitores. Logo, não é necessário haver afinidade entre eles ou que estejam em harmonia plena, basta que

[183] LEITE, Eduardo de Oliveira. **Famílias monoparentais**: a situação jurídica de pais e mãe separados e dos filhos na ruptura da vida conjugal. São Paulo: RT, 2003. p. 287.

[184] RAMOS, Magdalena; SHAINE, Sidney. A família em litígio. In: RAMOS, Magdalena (Org.). **Casal e família como paciente**. São Paulo: Escuta, 1994.

[185] LEITE, Eduardo de Oliveira. **Alienação parental**: do mito à realidade. São Paulo: RT, 2015. p. 16.

[186] GRISARD FILHO, Waldir. **Guarda compartilhada**: um novo modelo de responsabilidade parental. 2. ed. São Paulo: Revista dos Tribunais, 2002. p. 177.

existam condições para dialogar, afinal, tanto um genitor quanto o outro deverão opinar e participar das decisões referentes aos filhos.[187]

O diálogo com respeito e educação deveria ser meta de todo casal com filhos, como bem sustenta Cezar Ferreira: "A convivência é a arte da comunicação e requer maturidade e emprenho".[188] Conviver é poder comunicar. Portanto, em caso de conflito entre os genitores, faz-se necessária a intervenção da equipe interdisciplinar a fim de verificar o melhor interesse da criança, seja a guarda unilateral ou a guarda compartilhada.

3.10 Equipe interdisciplinar

A expressão "os filhos são das mães" representa o apego da mulher à prole e, nesse sentido, era comum a guarda dos filhos ser deferida às mães.[189] Todavia, com base na legislação pátria acerca do assunto, há de se reconhecer que o julgador, ao deferir a guarda a um genitor ou a ambos, deve sempre pugnar pelo melhor interesse da criança. Porém, nem sempre o julgador tem subsídios suficientes para elaborar o seu parecer, uma vez que praticamente não há contato do magistrado com as partes, acontecendo somente nas audiências. Esse rápido contato, muitas vezes, é insuficiente para proferir uma decisão. Daí a importância da equipe interdisciplinar, que tem como objetivo fornecer subsídios para que o magistrado possa formar o seu convencimento.

A função da equipe interdisciplinar é trazer, de forma documentada, a realidade dos fatos por meio do seu conhecimento técnico especializado, ou seja, dados que o juiz não tem como vislumbrar. Assim, o laudo apresentado pela equipe interdisciplinar é determinante para a conclusão da lide.[190]

[187] VILARDO, Maria Aglaé Tedesco. Guarda compartilhada. **Revista Escola da Magistratura do Rio de Janeiro**, v. 9, n. 33, 2006. p. 312.

[188] MOTTA, Verônica A. da; FERREIRA, Cesar; MACEDO, Rosa Maria Stefanini de. **Guarda compartilhada**: uma visão psicojurídica. Porto Alegre: Artmed, 2016. p. 41.

[189] LEITE, Eduardo de Oliveira. **Famílias monoparentais**. São Paula: RT, 1997. p. 200.

[190] FREITAS, Douglas Phillips. **Guarda compartilhada e as regras da perícia social, psicológica e interdisciplinar**. Florianópolis: Conceito, 2009. p. 91-92.

Em sede de análise do inc. II do art. 1.584, segundo o qual a guarda, unilateral ou compartilhada, poderá ser "decretada pelo juiz, em atenção a necessidades específicas do filho, ou em razão da distribuição de tempo necessário ao convívio deste com o pai e com a mãe", verifica-se que tem gerado críticas.

Alguns autores sustentam que a possibilidade da imposição legal da guarda compartilhada, por meio do magistrado, trata-se de um dispositivo temerário, pois consideram que, não havendo consenso entre os pais, não há que se tratar de guarda compartilhada, logo, não cabe ao juiz impô-la. Com isso, quer-se dizer que, se um dos genitores não deseja esse modelo, não há como compeli-lo a cooperar com ele, pois, se assim o fizesse, o resultado seria frustrante.[191] Entretanto, ao se observar a nova redação do § 2º do mesmo artigo, tem-se: "Quando não houver acordo entre a mãe e o pai quanto à guarda do filho, encontrando-se ambos os genitores aptos a exercer o poder familiar, será aplicada a guarda compartilhada, salvo se um dos genitores declarar ao magistrado que não deseja a guarda do menor". Ele foi alterado pela lei nº 13.058/2014. Assim, se, por exemplo, o juiz perceber que ambos os genitores querem permanecer com os filhos, mesmo havendo algumas divergências entre os pais, porém não se tratando de um conflito rígido, poderá o magistrado decretar a guarda compartilhada, até mesmo visando a evitar a alienação parental. Na concepção do desembargador Ênio Santarelli Zuliani, essa modalidade de guarda consiste na melhor estratégia de combate à síndrome da alienação parental.[192]

Diante desse cenário, a fim de estabelecer as atribuições dos genitores e o período de convivência com os filhos, de acordo com o § 3º do art. 1.584, o juiz poderá solicitar a orientação de um técnico- profissional ou de equipe interdisciplinar que lhe fornecerá subsídios para formar o seu parecer. Vale ressaltar que a perícia interdisciplinar é composta por perícias sociais, psicológicas e médicas, dependendo da situação, podendo

[191] SALLES, Karen Ribeiro Pacheco Nioac de. **Guarda compartilhada**. Rio de Janeiro: Lumen Juris, 2001. p. 101.

[192] ZULIANI, Ênio Santarelli. Guarda compartilhada e visitas: a nova perspectiva de impor sanções por violações ao direito de ter o filho em sua companhia ou de visitá-lo, como estabelecido. **Revista Lex do Direito Brasileiro**, São Paulo, v. 43, p. 143, jan./fev. 2010.

ser solicitada em várias as áreas (social, psicológica e médica) ou apenas na que for necessária. Tais procedimentos devem levar em consideração a realidade de ambas as partes, pai e mãe, caso contrário, constituirão grave desvio procedimental. Nesse liame, tanto o magistrado quanto o Ministério Público podem requerer a perícia interdisciplinar. Em situações marcadas pelo litígio, as partes também podem requerer a referida perícia, conforme os direitos básicos previstos na Constituição Federal.

3.11 A lei nº 13.058/2014

No final de 2014, foi publicada pelo Diário Oficial da União a Lei nº 13.058/2014, que altera os arts. 1.583, 1.584, 1.585 e 1.634 do Código Civil de 2002. O cerne da questão está no fato de que a modalidade de guarda compartilhada passa a ser considerada a aplicação-padrão, enquanto a guarda unilateral, a exceção. Em outras palavras, a guarda compartilhada passa a ser regra, com exceção de duas situações: caso o juiz avalie que um dos pais não esteja apto a cuidar do menor, ou no caso de um dos genitores abrir mão desse modelo de guarda, optando por deixar a guarda para o outro genitor.

O que se percebe é que, por mais que a guarda compartilhada tenha surgido para ser aplicada nos casos em que os genitores não chegassem a um consenso, sua aplicação esbarrava em uma certa resistência, sendo somente aplicada nos casos em que o magistrado percebesse a boa relação entre os pais. Entretanto, com a nova lei, a essência da guarda compartilhada é reforçada, no sentido de ser aplicada justamente nas separações conflituosas, evitando a alienação parental.

Nesse contexto, passa-se a analisar as mudanças decorrentes da nova lei. De acordo com a redação do § 2º do art. 1.583, alterado pela Lei nº 11.698/2008, a guarda unilateral seria atribuída ao genitor que revelasse melhores condições para exercê-la. A nova redação, em vez de se referir à guarda unilateral, faz menção à guarda compartilhada, conforme segue abaixo.

> § 2º Na guarda compartilhada, o tempo de convívio com os filhos deve ser dividido de forma equilibrada com a mãe e com o pai, sempre tendo em vista as condições fáticas e os interesses dos filhos.

> § 3º Na guarda compartilhada, a cidade considerada base de moradia dos filhos será aquela que melhor atender aos interesses dos filhos.
>
> § 5º A guarda unilateral obriga o pai ou a mãe que não a detenha a supervisionar os interesses dos filhos, e, para possibilitar tal supervisão, qualquer dos genitores sempre será parte legítima para solicitar informações e/ou prestação de contas, objetivas ou subjetivas, em assuntos ou situações que direta ou indiretamente afetem a saúde física e psicológica e a educação de seus filhos.

O § 2º do art. 1.584, alterado pela lei de 2008, mencionava que, mesmo não havendo um consenso entre os pais quanto à guarda do filho, sempre que possível, seria aplicada a guarda compartilhada. Já com a atual redação, encontrando-se ambos os genitores aptos a exercer o poder familiar, será aplicada a guarda compartilhada, salvo se um dos genitores declarar ao magistrado que não deseja a guarda do menor. Ou seja, a regra passa a ser a guarda compartilhada, a menos que, como já referido, o juiz avalie que um dos genitores não esteja apto a cuidar do menor, ou que um dos pais não deseje essa modalidade.

No tocante ao § 3º do mesmo dispositivo, que se refere à intervenção da equipe interdisciplinar, a Lei nº 13.058/2014 apenas acrescentou "que deverá visar à divisão equilibrada do tempo com o pai e com a mãe". Aqui, entende-se por divisão equilibrada não os minutos igualmente divididos com cada genitor, mas sim a qualidade de convivência com ambos os genitores.

Os parágrafos 4º e 5º passaram a vigorar com as seguintes redações:

> § 4º A alteração não autorizada ou o descumprimento imotivado de cláusula de guarda unilateral ou compartilhada poderá implicar a redução de prerrogativas atribuídas ao seu detentor.
>
> § 5º Se o juiz verificar que o filho não deve permanecer sob a guarda do pai ou da mãe, deferirá a guarda a pessoa que revele compatibilidade com a natureza da medida, considerados, de preferência, o grau de parentesco e as relações de afinidade e afetividade.

Ainda em relação ao art. 1.584, foi acrescentado o § 6º, o qual estipula que "qualquer estabelecimento público ou privado é obrigado a prestar informações a qualquer dos genitores sobre os filhos destes, sob pena de multa de R$ 200,00 (duzentos reais) a R$ 500,00 (quinhentos reais) por dia pelo não atendimento da solicitação".

Em se tratando de medida cautelar de separação de corpos, de medida cautelar de guarda ou em outra sede de fixação liminar de guarda, de acordo com a nova redação do art. 1.585, "a decisão sobre guarda de filhos, mesmo que provisória, será proferida preferencialmente após a oitiva de ambas as partes perante o juiz, salvo se a proteção aos interesses dos filhos exigir a concessão de liminar sem a oitiva da outra parte, aplicando-se as disposições do art. 1.584".

No que diz respeito ao exercício do pode familiar, o art. 1.634 passa a vigorar da seguinte forma:

> Art. 1.634. Compete a ambos os pais, qualquer que seja a sua situação conjugal, o pleno exercício do poder familiar, que consiste em, quanto aos filhos:
>
> I - dirigir-lhes a criação e a educação;
>
> II - exercer a guarda unilateral ou compartilhada nos termos do art. 1.584;
>
> III - conceder-lhes ou negar-lhes consentimento para casarem;
>
> IV - conceder-lhes ou negar-lhes consentimento para viajarem ao exterior;
>
> V - conceder-lhes ou negar-lhes consentimento para mudarem sua residência permanente para outro Município;
>
> VI - nomear-lhes tutor por testamento ou documento autêntico, se o outro dos pais não lhe sobreviver, ou o sobrevivo não puder exercer o poder familiar;
>
> VII - representá-los judicial e extrajudicialmente até os 16 (dezesseis) anos, nos atos da vida civil, e assisti-los, após essa idade, nos atos em que forem partes, suprindo-lhes o consentimento;
>
> VIII - reclamá-los de quem ilegalmente os detenha;
>
> IX - exigir que lhes prestem obediência, respeito e os serviços próprios de sua idade e condição.

Nesse sentido, com base na análise da nova lei, percebe-se que a principal mudança está no fato de a guarda compartilhada ter se tornado regra, sendo aplicada mesmo em situações conflituosas. Portanto, com a Lei nº 13.058/2014, diante do rompimento do vínculo conjugal, os pais passam a dividir todas as responsabilidades sobre a rotina das crianças. Isso implica, por exemplo, decidir que escola a criança frequentará, as atividades físicas que exercerá, para onde viajará, ou seja, tudo isso deverá ser decidido por ambos os genitores. Essa parceria, apesar da separação, é melhor do que manter uma relação conjugal pautada em conflitos crônicos.

Florence W. Kaslow e Lita Schwartz[193] abordam a questão de que não é fácil crescer em uma família em que há conflitos crônicos que eram tolerados com sacrifício por causa de filhos. E, indagam acerca de qual o peso da obrigação, em longo prazo, da dívida de gratidão que pesa sobre os filhos. Tais vivências podem ser mais prejudiciais. Portanto, o objetivo é fortalecer a ideia de que o rompimento ocorreu entre marido e mulher, e não entre pai e mãe, mantendo-se inalterada o menos possível a vida da criança, que, antes do rompimento, convivia com ambos os pais.

Edward John Bowlby[194], em seu livro "Apego e perda", aborda que, para a criança, "uma ameaça de perda gera ansiedade, e uma perda real, tristeza profunda; ambas as situações, podem, além disso, despertar cólera", porém, quando o ser humano se sente seguro e tranquilo, desenvolve-se com mais facilidade. Complementa em seu livro "Separação"[195], dizendo: "O fato de uma criança se encontrar em estado de segurança, de angústia ou aflição fica determinado em ampla margem pela acessibilidade e pela receptividade de sua principal figura de apego". François Mauriac, citada por Bowlby, afirma que "somos moldados e remoldados por aqueles que nos amaram, e embora o amor possa passar, somos, no entanto, obra deles, para o bem ou para o mal".[196]

Da mesma maneira, Eduardo de Oliveira Leite assevera que, quando as crianças têm o senso de acesso livre aos pais, lidam melhor com os desapontamentos e as mudanças do divórcio e parecem menos desesperadas do que as crianças que sofrem restrições.[197] Também se ressalta a importância de a criança ter livre acesso as suas emoções e aos seus afetos, tendo trânsito livre para a sua manifestação. Já os adultos devem estar atentos para a ótica da criança, como a percepção que ela faz das coisas ou as preocupações

[193] KASLOW, Florence; SCHWARTZ, Lita Linzer. **As dinâmicas do divórcio**. São Paulo: Psy, 1995. p. 128.

[194] BOWLBY, John. **Apego e perda**. São Paulo: Martins Fontes, 1984. v. 1: Apego. p. 224.

[195] BOWLBY, John. **Apego e perda**. São Paulo: Martins Fontes, 1984. v. 2: Separação. p. 24.

[196] BOWLBY, John. **Apego e perda**. São Paulo: Martins Fontes, 1984. v. 1: Apego. p. 351.

[197] LEITE, Eduardo de Oliveira. **Alienação parental**: do mito à realidade. São Paulo: RT, 2015. p. 55.

que ela possa ter, podendo usar as emoções como mapeadores do que se passa com ela e a liberdade de afetos como direito de toda criança. Não se pode negar que os filhos do divórcio se encontram em situação de risco e precisam de cuidados e investimento de todas as áreas, incluindo o poder público. Mesmo que o caminho seja longo para estreitar descompassos, o que se vê são profissionais causando muitas reflexões, amenizando erros e potencializando movimentos assertivos.

04 CONCLUSÃO

A partir da pesquisa apresentada, ressalta-se que toda separação gera, em um primeiro momento, crises, conflitos, tristezas e perdas, porém não significa que uma família não possa sair desse processo de forma sadia, ser inteira, bem-estruturada, organizada e salutar, podendo ser fortalecida em seus laços fraternos. É preciso que família, estado e sociedade possam pensar juntos a infância e a adolescência como patrimônio de todos.

Foi possível concluir que a guarda compartilhada evita um afastamento desnecessário que ocorre na guarda unilateral, pois, nesta, geralmente, o genitor não guardião desfruta da companhia da criança em finais de semana alternados e, às vezes, uma vez no decorrer da semana. Assim posto, na guarda unilateral, o genitor que não detém a guarda dispõe de um período muito mais curto, o que pode causar um sofrimento ainda maior para a criança, pois ela, além de sofrer por ver os pais não morando mais juntos, permanece por pouco tempo na companhia de um dos genitores. Convém ressaltar que a visita, em finais de semana alternados, pode gerar sofrimentos à criança, uma vez que passa a conviver com a ansiedade da incerteza se verá ou não o genitor no final de semana. É fundamental a criança ser tranquilizada sobre a permanência e o contato, tendo claro de como pode fazer isso. É direito da criança saber como ela terá acesso, poupando-a da responsabilidade de escolhas.

Em outras palavras, o sofrimento da criança em relação à separação dos pais é amortecido. Isso quer dizer que, apesar de a família, a princípio, desestruturar-se com a separação, não será destruída, com a proteção do vínculo entre mãe-filhos, pai-filhos e da boa relação dos pais. Nesse cenário, entende-se por *boa relação* aquela na qual se encontram presentes o respeito e a educação. Tem-se conhecimento da importância da tríade: mãe-filho, pai-filho e relacionamento entre pai e mãe, mesmo separados. Dentro do possível, por meio do exercício da boa convivência e da relação dos pais, ainda que separados. A crise pode representar uma forma de crescimento, deixando claro que o que não deu certo foi o projeto homem e mulher, que se modificará, diferentemente da relação pai e mãe, que deverá permanecer vigente, ativa e fortalecida como representante de tudo de bom que viveram como família. A criança precisa da continuidade da relação com os pais, e a vivência com pai e mãe deve ser protegida de ser engolfada pelos conflitos destes. A criança precisa desse COM-VIVER, desse "estar junto e perto", para ampliar e assegurar sua sensação de pertencimento.

Além disso, no momento em que as decisões são tomadas de forma conjunta e que a criança pode desfrutar da convivência de ambos os genitores, há uma amenização da ideia de posse e de troféu, isto é, de que apenas um dos genitores tem a posse da criança, decidindo de forma unilateral sobre essa. Uma família, para ser família, não necessita de pai e mãe morando juntos, mas, de pai e mãe resolvendo, de forma sadia e assertiva, seus conflitos e acordos, com sua estruturação própria. Duas casas, duas famílias, porém inteiras, com pais responsáveis, comprometidos e, principalmente, equilibrados, ou seja, regulados emocionalmente, focados no bem-estar da criança, e não em seus egoísmos narcisistas. É preciso que os pais reforcem atitudes de amor e cuidado com um comportamento de acordo. As crianças não ouvem apenas o que os pais dizem, mas prestam muito atenção em como agem.

Neste contexto, tem-se que a consolidação dessa modalidade de guarda resultou na entrada em vigor de outras três leis que visam ao melhor interesse do menor: a Lei nº 12.010, de 03 de agosto de 2009, a chamada Nova Lei de Adoção; a Lei nº 12.013, de 06 de agosto de 2009, que alterou a Lei de Diretrizes e Bases da Educação (Lei nº 9.934, de 20 de dezembro de 1996), que passou a determinar que as escolas informem tanto a mãe como o pai, conviventes ou não, acerca de seus filhos; antes dessa alteração, somente o guardião tinha informação sobre o desempenho e a frequência do filho na escola, agora, ambos devem ser informados; e a Lei nº 12.318, de 26 de agosto de 2010, que dispõe sobre a Síndrome da Alienação Parental (SAP). Tomadas de decisões dessa dimensão e magnitude têm evitado que muitos pais invalidados e impotentes pela alienação parental acabem por desistir do exercício da paternidade e de seus filhos. Um dos sentimentos mais difíceis sentidos pelos filhos, vítimas de alienação parental, é o de acreditar que os pais não lutaram o suficiente por eles e que acabaram desistindo deles.

No que diz respeito à alienação parental, nota-se que, diante da ruptura da vida conjugal, os pais devem asseverar aos filhos que a unidade familiar continua intacta, no sentido de que o fato de a relação entre "marido e mulher" ter chegado ao fim não significa, em hipótese alguma, que tenham deixado de amar os filhos e que continuarão sendo protegidos e cuidados. Nesse caso, os pais serem incentivados a tomarem decisões juntos colabora muito para um afeto seguro, fato muito bem-expressado na propaganda de Natal da empresa *O Boticário*, no qual uma criança, na comemoração de Natal, brinca com um fantoche e conta uma história em que uma princesa teve os pais separados, mas ela não ficou triste, porque os pais tinham resolvido ser os melhores amigos para sempre. E, o pai alcança um presente para a mãe e diz: "amigos para sempre"! A mãe reforça: "amigos para sempre". Essa mudança de paradigma, com empresas respeitando novas configurações na família, também normaliza para a criança a possibilidade de ter novos arranjos.

Em outras palavras, é imprescindível, para a preservação da prole, a cooperação de ambos os pais. Sob essa ótica, a guarda compartilhada minimiza o sofrimento ocasionado pelo rompimento conjugal, tendo em vista que viabiliza maior convivência entre os filhos e seus genitores, reduzindo, assim, as chances de se desenvolver a síndrome mencionada, haja vista que, para que essa modalidade de guarda funcione, trazendo benefícios tanto para os pais quanto para os filhos, os genitores se obrigam a deixar de lado os seus rancores.

A guarda compartilha procura dar equilíbrio não somente à criança, mas também aos pais, uma vez que é muito doloroso ser privado do crescimento dos filhos, das transformações que ocorrem a cada etapa de vida e sentir que não se tem voz frente à educação e ao desenvolvimento da prole. Da mesma forma, é muito sofrido para o filho não poder ter a liberdade de poder compartilhar seu crescimento, suas conquistas e, principalmente, a liberdade de afeto. Cuidado é sinônimo de amor, e sentir-se cuidado é sinônimo de aumento na estima.

Da mesma forma, essa modalidade evita que muitas pessoas tenham suas vidas estagnadas e acabem sobrecarregadas, tidas como sacrifício, mais tarde sendo isso cobrado dos filhos. Muitos filhos acabam reféns por toda a vida de tal devoção e dito amor incondicional. Esse comportamento não é salutar para ninguém.

Cumpre reconhecer que os pontos negativos atribuídos à guarda compartilhada, na realidade, referem-se à guarda alternada. A adaptação a duas moradas sempre é citada como um fator negativo da guarda compartilhada. Entretanto, conforme observado no decorrer do estudo, a alternância de residências ocorre na guarda alternada, e não na guarda compartilhada, uma vez que, nesta, há estipulação de residência fixa. Realmente, a "divisão física" da criança, ora na casa do pai, ora na residência da mãe, consiste em um fator que pode ser negativo, tendo em vista que a criança passa a viver se adaptando e readaptando aos hábitos de cada genitor. Dito de outra forma, a criança não consegue consolidar os seus hábitos, pois se encontra em constante mudança. Porém, muitas crianças surpreendem com sua capacidade de adaptação e com seu poder de flexibilidade e resiliência. Muitas vezes, as crianças são as que mais demonstram generosidade nas adaptações que se fazem necessárias. Quando um genitor, muitas vezes, levanta a questão de que tal convivência compartilhada pode confundir a criança, na grande maioria das vezes, está servindo apenas para manter o outro afastado, tendo o total domínio sobre a criança, e não o cuidado.

Todas as equipes que lidam com questões de separação e divórcio, envolvidas na preservação das crianças e adolescentes, deveriam ter em mente não o próprio juízo, mas sim estimular a generosidade entre os membros da família, com foco na criança. Uma das formas é ajudando-os a não prolongar as questões do divórcio, reforçando a autoestima dos pais e das crianças. Para isso, é preciso situar, normalizar e resignificar com vistas no positivo, a fim de que as famílias não se sintam desqualificadas ou invalidadas com isso, aumentando seu grau de esperança em um futuro bom para todos.

Constata-se, assim, que a consequência negativa da guarda compartilhada ocorre quando esse modelo de guarda é aplicado em casos de litígio extremo, em que sequer existe o diálogo entre os genitores. Em situações de beligerância, a aplicação da guarda compartilhada resulta em um estresse não só para os pais, mas, principalmente, para os filhos, que, novamente, são obrigados a presenciar as brigas dos genitores. Ressalta-se que o bem-estar dos filhos sempre deverá ser o maior interesse da Justiça e dos pais.

No tocante aos pontos positivos, pode-se asseverar que um dos principais objetivos da guarda compartilhada é reorganizar as relações entre os pais e a sua prole, dando continuidade ao vínculo parental presente no decorrer da união conjugal, pois, em um momento difícil como o da separação dos genitores, em que a família, de certa forma, acaba se desunindo, essa sensação de continuidade da relação parental é fundamental para as crianças.

Sendo assim, é de extrema importância uma convivência de educação e respeito entre os pais, em que a civilidade entre ambos dê o norte à criança, com nenhum genitor assassinando a imagem do outro, tampouco causando uma morte em vida, uma "morte inventada", como o título do longa-metragem lançado pela Caraminhola Produções, tornando os filhos órfãos de pais vivos. A verdade é que todos os envolvidos no processo de uma separação podem colaborar para uma melhor convivência, ajudando em alternativas acerca do que poder fazer para que todos fiquem bem dentro do possível ou, pelo menos, melhor. Todos podem fazer algo para melhorar. Todos podem fazer mais e melhor do que geralmente fazem.

Dessa forma, sabe-se que a ruptura da vida conjugal submete os integrantes da família a uma série de adaptações, porém, na guarda compartilhada, os efeitos dessas mudanças são amenizados, na medida em que possibilita maior tempo de convivência dos filhos com o genitor que não possui a guarda física, considerando que seria muito mais difícil, tanto para um dos genitores quanto para os filhos, terem de se adaptar ao fato de ficarem praticamente quinze dias sem se verem.

Todavia, sabe-se que o que a Psicologia ressaltava era que o tempo dos pais em relação aos filhos não era tão importante, mas sim a qualidade desse tempo, pensamento esse que não se aplica mais na atualidade, levando-se em consideração que o tempo é importante, tendo a criança pais que participem ativamente do seu cotidiano, da vida escolar, dos *hobbies*, enfim, tendo a disponibilidade e a presença garantida dos pais. Os pais poderem dar o seu tempo para os filhos é, hoje, uma das maiores formas de amar e de dar validação.

Portanto, o exercício em conjunto da autoridade parental busca garantir o melhor interesse do menor, equilibrando os papéis parentais e, assim, assegurando à prole um desenvolvimento equilibrado, tanto psicológico quanto afetivo, garantindo aos filhos a sensação de bem-estar, os quais, se não desfrutam mais da união conjugal de seus pais, podem, ao menos, vê-los unidos como pai e mãe que continuam amando os filhos. Além disso, como o exercício das responsabilidades é exercido em conjunto, não há a sobrecarga de apenas um dos genitores, como ocorre na guarda unilateral.

Essa sobrecarga acaba estacionando a vida, geralmente das mulheres, fazendo com que abram mão de reconstruir a própria vida, porém com o custo da tristeza, da apatia, da desmotivação para com outras áreas da vida, que cedo ou tarde aparecem como promissórias afetivas que são cobradas dos filhos e que não há como serem saldadas. Estes, por sua vez, correm o risco de se sentirem em dívida pela abnegação do genitor, também não podendo viver a liberdade de escolhas e caminhos. Frases como "eu vivi para você", "dei minha vida, para você" e "abri mão de muitas coisas por você" são muito comuns e causam raiva e sofrimento.

Outro fator positivo que pode ser verificado é a redução dos chamados "problemas de lealdade", a incidência desses pode ser observada quando, por exemplo, no dia em que o genitor se programa para buscar a criança, a genitora questiona o filho: "Você vai deixar sua mãe aqui sozinha, em pleno domingo chuvoso, para sair com o seu pai?!" Diante de chantagens emocionais, como a citada, a criança sente-se como se estivesse "traindo" a mãe. Outro exemplo é a mãe que arruma as coisas da criança para passar o final de semana com o pai e, nos momentos que antecedem a vinda dele, começa a chorar, mesmo dizendo à criança que não é nada. O choro mobiliza drasticamente a criança, que, apesar de ter estado faceira para passear com o pai, desiste dizendo que não quer mais sair com ele. A mãe, por sua vez, corre para ligar ao pai, dizendo que a criança não quer ir e que ela até tinha arrumado as coisas da criança, mas que ela não quer. Muitos pais cansam dessa situação e acabam por punir os filhos afastando-se. Isso é muito doloroso para a criança, pois reforça a ideia incutida por muitas mães de que a criança não é importante para o pai.

Esse tipo de problema e a incidência da síndrome da alienação parental encontram-se reduzidos na guarda compartilhada, tendo em vista a convivência igualitária com os genitores, buscando não prolongar as questões do divórcio. Porém, sabe-se que o funcionamento da guarda precisa estar ligado a uma boa comunicação e relação entre os pais, deixando disputas e escaladas de poder de lado.

Em última análise, importa destacar que, quando se menciona "convivência igualitária", não se quer dizer que deve haver uma divisão exata do tempo entre os genitores, afinal, o que se prioriza, na guarda compartilhada, é a qualidade do tempo e a quantidade de convivência dos genitores com a prole, mas não a quantidade de horas e dias. Cada pai e cada mãe terão seu jeito de se relacionar com a criança em função de características pessoais, assim como cada criança se relacionará com cada um à sua maneira e de acordo com afinidades. Afinidade maior ou menor com um ou outro não significa grau de importância nem amor. Cada pai e mãe terá a sua cartilha de como as coisas devam funcionar, e isso, quando exercido com respeito, considerando as opiniões de cada um, não confunde a criança, mas mostra a ela que as pessoas são diferentes, e ela, com o exercício da flexibilidade, pode desenvolver uma terceira cartilha, que será a soma da cartilha dos pais.

É preciso garantir que a boa infância das crianças seja preservada, sendo um momento para alegria, brincadeiras, explorações do mundo, com a criança podendo ser de fato criança e de forma a estar protegida, principalmente, em seus afetos. Não se pode, como adultos, permitir que a infância e a adolescência sejam uma época de afetos inseguros, medos, angústias de separação, culpas e perda de esperança em um futuro bom.

Nesse contexto, conclui-se que o instituto da guarda compartilhada pode ser considerado o melhor modelo a ser aplicado, pois tem a possibilidade de proporcionar, não só aos menores, mas também a todos os membros da família, uma relação satisfatória, visando a atender ao bem-estar do menor. Entretanto, não é um modelo que serve para todos os casos, visto que se torna quase que inviável diante dos conflitos existentes entre os pais, tendo em vista que o casal, não raramente, não consegue entender que apenas deixou de ser marido e mulher, mas que o vínculo de parentalidade permanece. No momento em que ocorrer esse "dar-se conta" de que não deixaram de ser pais, será possível a aplicação da guarda compartilhada, pois os genitores estarão colocando em primeiro lugar o interesse dos filhos.

O que deixar de ser feito agora pelo bem-estar afetivo dos filhos se refletirá negativamente no futuro. Por outro lado, cuidando da infância e da adolescência, estaremos, como pais, profissionais do Direito, da Educação e da Saúde, cuidando do futuro de todos. O que estaremos plantando agora sobre ética, respeito e empatia para com o outro se refletirá em uma sociedade mais justa para todos.

A criança e os pais precisam ter voz e vez. Cada qual sendo respeitado como indivíduo pertencente à vida uns dos outros, com o amor construído e preservado, como uma terra fértil, para o desenvolvimento da confiança, mesmo com as situações não sendo sempre o ideal ou como se desejaria, em um mundo cor de rosa. É preciso um lugar nos corações e na vida sem o terrorismo da ameaça de perda ou da exigência de lealdade com um ou outro, que só fazem sofrer, ou a ameaça tão terrível do desamor.

Que profissionais de várias áreas trabalhem juntos no aumento de esperanças renovadas apesar das mudanças maritais, familiares e de diversas configurações que possam acontecer ao longo da vida. Todos são importantes: pai, mãe, filhos que precisam ser ajudados a se desculpabilizarem e precisam de um olhar de compaixão e empatia. Com famílias sendo respeitadas, apesar das suas diferentes configurações, sendo pautadas no bem comum. Com todos amparando, protegendo e podendo contar uns com os outros. Talvez nada seja mais acalentador do que sabermos que podemos contar uns com os outros. Lutemos, pois, para uma atitude mais colaborativa por parte de todos, em especial, psicólogos, assistentes sociais, advogados de ambos os lados, Judiciário, principalmente, quando pai e mãe ou cônjuges de famílias homoafetivas não tiverem o bom senso do que seja melhor para os seus filhos, trocando a ideia de opositores e adversários para colaboradores do bem comum: os filhos.

Vale ressaltar que contamos com duas leis – Lei nº 12.318/2010 e Lei nº 13.058/2014 – que apresentam uma redação extremamente eficaz e que podem ser os pilares de proteção dos laços parentais após a ruptura conjugal. O que se faz necessário é um maior comprometimento dos profissionais que atuam na área de família, em especial, juízes, promotores e advogados, no sentido de que, diante do menor indício de alienação parental, seja aplicada a lei com firmeza. Não se quer dizer com isso que a guarda compartilhada deva ser imposta a qualquer custo, pois, como se verificou, há casos em que momentaneamente não é aconselhável, mas a lei da alienação parental deve observada com mais atenção, sendo suas medidas aplicadas com rigor, e não simplesmente em um texto acoplado ao papel, sem dimensão na realidade.

Não duvide do que juntos – família, sociedade e boas leis – podem fazer na transformação de uma sociedade mais justa, com menos violência e para um mundo melhor. Nem sempre, pela rotina do cotidiano e pelo excesso de proximidade, percebemos o quanto somos importantes e o quanto precisamos uns dos outros. Como se diz na cultura popular, muitas vezes, é na perda que sentimos a importância.

Cuidadores da infância e adolescência devem com responsabilidade fazer a diferença para melhor, a fim de garantir uma sociedade mais justa e com um propósito maior do que simplesmente se fazer cumprir a lei, devem efetivamente cuidar do maior patrimônio que podemos, ter que é a infância e a adolescência preservadas no amor. Que todos profissionais trabalhem contra a rigidez que dificulta a comunicação e as negociações, que incrementem e incentivem a focar no exercício da flexibilidade e da compaixão.

O que puder ser feito para as crianças e os jovens a fim de reduzir a violência, amenizar as dores das perdas e garantir a presença e o amor terá sido muito importante e não terá sido em vão. Que tudo se acerte da melhor maneira para que os corações de todos os envolvidos, mesmo com a separação, possam permanecer inteiros, com uma família "alargada" e inteira.

REFERÊNCIAS

ALMEIDA, L. E. S. A criança frente a separação dos pais. In: JORNADA DE PSICANÁLISE DO GPAL, 8., 2010, Recife. **Anais...** Recife, 2010.

AMENDOLA, Márcia Ferreira. Mães que choram: avaliação psicodiagnóstica de mães de crianças vítimas de abuso sexual. In: PRADO, Maria do Carmo Cintra de Almeida (Coord.). **O mosaico da violência**: a perversão na vida cotidiana. São Paulo: Vetor, 2004.

ASSOCIAÇÃO BRASILEIRA DE TERAPIA FAMILIAR - ABRATEF. Mesa Redonda: o imapcto da deregulação emocional no relacionamento de casal. In: CONGRESSO DA ABRATEF, 12., 2016, Gramado. **Anais...** Gramado: ABRATEF, 8-11 jun. 2016.

BARUFI, M. 0T. B. O ato de perdão é personalíssimo. In: MINAS, A.; VITORINO, D. (Org.). **A morte inventada**: alienação parental em vozes e ensaios. São Paulo: Saraiva, 2014. p. 79-86.

BOWLBY, John. **Apego e perda**. São Paulo: Martins Fontes, 1984. v. 1: Apego.

BOWLBY, John. **Apego e perda**. São Paulo: Martins Fontes, 1984. v. 2: Separação.

BRITO, Leila Maria Torraca de. Impasses na condição da guarda e da visitação: o palco da discórdia. In: CONGRESSO BRASILEIRO DE DIREITO DE FAMÍLIA, 3., 2001, Ouro Preto. **Anais...** Ouro Preto, out. 2001.

BUOSI, Carolina de Cássia Francisco. **Alienação parental**: uma interface do direito e da psicologia. Curitiba: Juruá, 2012.

CAETANO, L. De todas as mortes: a morte. In: MINAS, A.; VITORINO, D. (Org.). **A morte inventada**: alienação parental em vozes e ensaios. São Paulo: Saraiva, 2014. p. 103-107.

CIGOLI, Vittorio. O rompimento do pacto: tipologia do divórcio e rituais de passagem. In: ANDOLFI, M. (Org.). **A crise do casal**: uma perspectiva sistêmico-relacional. Porto Alegre: Artmed, 2002.

COHEN, Simon. **A diferença essencial**: a descoberta sobre o cérebro de homens e mulheres. Rio de Janeiro: Objetiva, 2004.

DARNALL, Douglas. **Symptoms of parental alienation**. Disponível em: <www.parentalalienation.com/articles/symptoms-parental-alienation.html>. Acesso em: 18 dez. 2012.

DIAS, Berenice. Guarda compartilhada: uma novidade muito bem vinda!. **Conteúdo Jurídico**, Brasília, 29 set. 2008. Disponível em: <http://www.conteudojuridico.com.br/?artigos&ver=2.21208&seo=1>. Acesso em: 11 jul. 2016.

DIAS, Maria Berenice. Síndrome da alienação parental: o que é isso? In: APASE (Org.). **Síndrome da alienação parental e a tirania do guardião**: aspectos psicológicos, sociais e jurídicos. Porto Alegre: Equilíbrio, 2007.

DIETER, C. T. **A polêmica guarda compartilhada**. Campo Bom: Revista Vitrini, 2010.

DISTRITO FEDERAL. Tribunal de Justiça. **APE nº 2528720078070001 DF 0000252-87.2007.807.0001**. Sexta Turma Cível. Relator: Otávio Augusto. Julgado em: 07 out. 2009.

DOLTO, F. **Quando os pais se separam**. Rio de Janeiro: Jorge Zahar, 1991.

DOLTO, Françoise. **Quando os pais se separam**. Rio de janeiro: Zahar, 1989.

DOLTO, Françoise. **Quando os pais se separam**. Traduçõ de Vera Ribeiro. Rio de Janeiro: Jorge Zahar, 2003.

FEDULLO, Sandra. Filhos do divórcio. In: CASTILHO, T. (Org.). **Temas em terapia familiar**. São Paulo: Summus, 2001.

FÉRES-CARNEIRO, T. Casamento contemporâneo: o difícil convívio da individualidade com a conjugalidade. **Psicologia, Reflexões e Crítica**, v. 11, n. 2, p. 379-394, 1998.

FERREIRA, Cezar. **Guarda compartilhada**: uma visão psicojurídica. Porto Alegre: Artmed, 2016.

FONSECA, Priscila Maria Pereira Corrêa. Síndrome da alienação parental. **Revista Brasileira de Direito de Família**, Porto Alegre, v. 8, n. 40, fev./mar. 2007.

FREITAS, Douglas Phillips. **Guarda compartilhada e as regras da perícia social, psicológica e interdisciplinar**. Florianópolis: Conceito, 2009.

GÓMEZ, Fabiola Lathrop. **Custodia compartida de los hijos**. Madrid: La Ley, 2008.

GRISARD FILHO, Waldir. **Guarda compartilhada**: um modelo de responsabilidade parental. São Paulo: Revistas dos Tribunais, 2010.

GRISARD FILHO, Waldir. **Guarda compartilhada**: um novo modelo de responsabilidade parental. 2. ed. São Paulo: Revista dos Tribunais, 2002.

GRYCH, J. H.; FINCHAM, F. D. Marital conflict and children's adjustment: a cognitive-contextual framework. **Psychological Bulletin**, v. 108, n. 2, p. 267-290, 1990.

GUAZZELLI, Mônica. A falsa denúncia de abuso sexual. In: DIAS, M. B. (Coord.). **Incesto e alienação parental**: realidades que a justiça insiste em não ver. São Paulo: Revista dos Tribunais, 2007.

GUEIROS, Dalva Azevedo; OLIVEIRA, Rita de Cássia Silva. Direito à convivência familiar. In: **Revista Serviço Social e Sociedade**, São Paulo, ano 26, n. 81, p. 118, 2005.

HAYNES, John M.; MARODIN, M. **Fundamentos da mediação familiar**. Porto Alegre: Artes Medicas, 1996.

IENCARELLI, Ana Maria Brayner. **Abuso sexual**: uma tatuagem na alma de meninos e meninas. São Paulo: Sagodoni, 2013.

KASLOW, Florence; SCHWARTZ, Lita Linzer. **As dinâmicas do divórcio**. São Paulo: Psy, 1995.

LEITE, Eduardo de Oliveira. **Alienação parental**: do mito à realidade. São Paulo: RT, 2015.

LEITE, Eduardo de Oliveira. **Famílias monoparentais**. São Paula: RT, 1997.

LEITE, Eduardo de Oliveira. **Famílias monoparentais**: a situação jurídica de pais e mãe separados e dos filhos na ruptura da vida conjugal. São Paulo: RT, 2003.

MADALENO, Rolf Hanseen. **Curso de direito de família**. 4. ed. Rio de Janeiro: Forense, 2011.

MADALENO, Rolf Hanseen. **Direito de família em pauta**. Porto Alegre: Livraria do Advogado, 2004.

MANFRO, Cristina M. Mulher. **Do rosa bebê ao rosa choque**. Qual é o seu tom?. Porto Alegre: Alcance, 2009.

MANFRO, M. C. F. **Conectados na alma**: histórias de dores e amores. Belo Horizonte: Artesã, 2003.

MANFRO, M. C. F. **Curso A desregulação emocional na família**. Campinas: CONCRIAD, 2016.

MANFRO, M. C. F. Luto homeopático. **Jornal NH**, Novo Hamburgo, Caderno Viver, 30 nov. 2015.

MANFRO, M. C. F. O impacto da desregulação emocional no casal. In: CONGRESSO BRASILEIRO DE TERAPIA FAMILIAR, 12., 2016, Gramado, **Anais...**, Gramado, 2016.

MANFRO, M. C. F. **O impacto da desregularão emocional nos relacionamentos**. 2013. Monografia (Especialização em Terapia Cognitivo Comportamental) – Infapa, Porto Alegre, 2013.

MANFRO, M. C. F. **O impacto do divórcio nas crianças e adolescentes**. Belo Horizonte: CONCRIAD, 2015.

MANFRO, M. C. F. Onipotência. **Jornal NH**, Novo Hamburgo, Caderno Viver, 25 jan. 2016.

MANFRO, M. C. F. Ser trocado. **Revista Expansão RS**, n. 199, p. 40, 2016.

McGOLDRICK, M.; CARTER, B. **As mudanças no ciclo da vida familiar**. 2. ed. Porto Alegre: Artmed, 1995.

MENDONÇA, M. Filhos: amar é compartilhar. In: MINAS, A.; VITORINO, D. (Org.). **A morte inventada**: alienação parental em vozes e ensaios. São Paulo: Saraiva, 2014. p. 109-114.

MINAS GERAIS. Tribunal de Justiça. **AC nº 1.0024.09.725125-0/014**. Quinta Câmara Cível. Relator: Des. Barros Levenhagen. Julgado em: 28 mar. 2014.

MINAS GERAIS. Tribunal de Justiça. **AC nº 1.0024.11.205247-7/001**. Quarta Câmara Cível. Relatora: Heloisa Combat. Julgado em: 02 jul. 2015.

MINAS GERAIS. Tribunal de Justiça. **AC nº 10024078006897003 MG**. Sétima Câmara Cível. Relator: Washington Ferreira. Julgado em: 26 mar. 2013.

MINAS GERAIS. Tribunal de Justiça. **Apelação Cível nº 1.0024.08.984043-3/004**. Sexta Câmara Cível. Relator: Des. Edilson Fernandes. Julgado em: 24 set. 2010.

MINAS, A.; VITORINO, D. (Org.). **A morte inventada**: alienação parental em vozes e ensaios. São Paulo: Saraiva, 2014.

MONJA, C. Educação emocional. In: MINAS, A.; VITORINO, D. (Org.). **A morte inventada**: alienação parental em vozes e ensaios. São Paulo: Saraiva, 2014. p. 19-35.

MOTTA, Maria Antonieta Pisano. A síndrome da Alienação Parental. In: APASE (Org.). **Síndrome da alienação parental e a tirania do guardião**: aspectos psicológicos, sociais e jurídicos. Porto Alegre: Equilíbrio, 2007.

MOTTA, Verônica A. da; FERREIRA, Cesar; MACEDO, Rosa Maria Stefanini de. **Guarda compartilhada**: uma visão psicojurídica. Porto Alegre: Artmed, 2016.

OLIVEIRA, José F. B. de. **Guarda compartilhada**: comentários à lei nº 11.698/08. Rio de Janeiro: Espaço Jurídico, 2008.

PAPALIA, Diane E.; OLDS, Sally W. **Desenvolvimento humano**. Porto Alegre: Artmed, 2000.

PINHO, M. A. G. Alienação Parental: histórico, estatística, projeto de lei 4053/08 & jurisprudência completa. **Conteúdo Jurídico**, 2009. Disponível em: <www.conteudojuridico.com.br>. Acesso em: 02 mar. 2010.

RAMOS, Magdalena; SHAINE, Sidney. A família em litígio. In: RAMOS, Magdalena (Org.). **Casal e família como paciente**. São Paulo: Escuta, 1994.

RIBEIRO, A. A delicada cabeça de elefante. In: MINAS, A.; VITORINO, D. (Org.). **A morte inventada**: alienação parental em vozes e ensaios. São Paulo: Saraiva, 2014. p. 145-151.

RIO DE JANEIRO. Tribunal de Justiça. **AI nº 00453115820138190000 RJ 0045311-58.2013.8.19.0000**. Vigésima Primeira Câmara Cível. Relatora: Des. Mônica de Faria Sardas. Julgado em: 03 dez. 2013.

RIO DE JANEIRO. Tribunal de Justiça. **AI nº 00645808320138190000 RJ 0064580-83.2013.8.19.0000**. Vigésima Primeira Câmara Cível. Relatora: Des. Mônica de Faria Sardas. Julgado em: 18 fev. 2014.

RIO GRANDE DO SUL. Tribunal de Justiça. **AG nº 70052347887 RS**. Sétima Câmara Cível. Relator: Sérgio Fernando de Vasconcellos Chaves. Julgado em: 03 dez. 2012.

RIO GRANDE DO SUL. Tribunal de Justiça. **Agravo de Instrumento nº 70066306572**. Sétima Câmara Cível. Relatora: Liselena Schifino Robles Ribeiro. Julgado em: 28 ago. 2015.

RIO GRANDE DO SUL. Tribunal de Justiça. **Agravo de Instrumento nº 70057280513**. Sétima Câmara Cível. Relator: Jorge Luís Dall'Agnol. Julgado em: 18 dez. 2013.

RIO GRANDE DO SUL. Tribunal de Justiça. **Agravo de Instrumento nº 70069976769**. Oitava Câmara Cível. Relator: Rui Portanova. Julgado em: 28 jul. 2016.

RIO GRANDE DO SUL. Tribunal de Justiça. **Agravo de Instrumento nº 70068720622**. Sétima Câmara Cível. Relatora: Liselena Schifino Robles Ribeiro. Julgado em: 18 maio 2016.

RIO GRANDE DO SUL. Tribunal de Justiça. **Agravo de Instrumento nº 8744267 PR 874426-7** (Decisão Monocrática). Decima Primeira Câmara Cível. Relatora: Vilma Régia Ramos de Rezende. Julgado em: 01 fev. 2012.

RIO GRANDE DO SUL. Tribunal de Justiça. **AI nº 70046184420 RS**. Oitava Câmara Cível. Relator: Alzir Felippe Schmitz. Julgado em: 26 jan. 2012.

RIO GRANDE DO SUL. Tribunal de Justiça. **Apelação Cível nº 70000459420**. Relatora: Maria Berenice Dias. Sétima Câmara Cível. Julgado em: 29 mar. 2000. Disponível em: <www.tjrs.jus.br>. Acesso em: 18 dez. 2012.

RIO GRANDE DO SUL. Tribunal de Justiça. **Apelação Cível nº 70029243318**. Relator: José Ataídes Siqueira Trindade. Oitava Câmara Cível. Julgado em: 23 abr. 2009. Disponível em: <www.tjrs.jus.br>. Acesso em: 18 dez. 2012.

RIO GRANDE DO SUL. Tribunal de Justiça. **Apelação Cível nº 70039943642**. Relator: Rui Portanova. Oitava Câmara Cível. Julgado em: 07 abr. 2011. Disponível em: <www.tjrs.jus.br>. Acesso em: 18 dez. 2012.

RIO GRANDE DO SUL. Tribunal de Justiça. **Apelação Cível nº** 70053086633. Oitava Câmara Cível. Relator: Rui Portanova. Julgado em: 14 nov. 2013.

RIO GRANDE DO SUL. Tribunal de Justiça. **Apelação Cível nº 70055409098**. Oitava Câmara Cível. Relator: Luiz Felipe Brasil Santos. Julgado em: 31 out. 2013.

RIO GRANDE DO SUL. Tribunal de Justiça. **Apelação Cível nº 70062154182**. Sétima Câmara Cível. Julgado em: 2014.

RONDÔNIA. Tribunal de Justiça. **APL nº 00154605520078220014 RO 0015460-55.2007.822.0014**. Segunda Câmara Cível. Relator: Des. Alexandre Miguel. Julgado em: 30 abr. 2013.

ROSSET, Solange. **O casal nosso de cada dia**. Curitiba: Sol, 2005.

SÁ, Eduardo; SILVA, Fernando. **Alienação parental**. Coimbra: Almeida, 2011.

SALLES, Karen Ribeiro Pacheco Nioac de. **Guarda compartilhada**. Rio de Janeiro: Lumen Juris, 2001.

SANTA CATARINA. Tribunal de Justiça. **AI nº 222703 SC 2008.022270-3**. Primeira Câmara Civil. Relator: Joel Figueira Júnior. Julgado em: 27 set. 2010.

SÃO PAULO. Tribunal de Justiça. **Apelação Cível nº 35466-0/7**. Câmara Especial. Disponível em: <www.tjsp.jus.br>. Acesso em: 18 dez. 2012.

SILVA, Denise Maria Perissini. **Psicologia jurídica no processo civil brasileiro**: a interface da psicologia com direitos nas questões de família e infância. São Paulo: Casa do Psicólogo, 2003.

SOTTOMAYOR, Maria Clara. **Exercício do poder parental**. Porto: Universidade Católica, 2003.

SOUSA, Analicia Martins de. **Síndrome da alienação parental**: um novo tema nos juízos de família. São Paulo: Cortez, 2010.

TRINDADE, Jorge. **Manual de psicologia jurídica para operadores do Direito**. 2. ed. Porto Alegre: Livraria do Advogado, 2007.

TRINDADE, Jorge. **Manual de psicologia jurídica para operadores do Direito**. Porto Alegre: Livraria do Advogado, 2004.

TRINDADE, Jorge. Síndrome de alienação parental (SAP). In: DIAS, M. B. (Coord.). **Incesto e alienação parental**: realidades que a justiça insiste em não ver. São Paulo: Revista dos Tribunais, 2007.

ULLMANN, Alexandra. Síndrome da alienação parental: a Justiça deve ter coragem de punir a mãe ou o pai que mente para afastar o outro genitor do filho menor. **Visão Jurídica**, n. 30, 2008.

VALENTE, M. L. Alienação parental: sintoma de modernidade?. In: MINAS, A.; VITORINO, D. (Org.). **A morte inventada**: alienação parental em vozes e ensaios. São Paulo: Saraiva, 2014. p. 55-65.

VILARDO, Maria Aglaé Tedesco. Guarda compartilhada. **Revista Escola da Magistratura do Rio de Janeiro**, v. 9, n. 33, 2006.

WALDEMAR, J. O. Divórcios e recasamentos: enfrentando o desconhecido. In: PRADO, L. C. (Org.). **Famílias e terapeutas**: construindo caminhos. Porto Alegre: Artes Médicas, 1996.

WALLERSTEIN, Judith S.; BLAKESLEE, Sandra. **Sonhos e realidade no divórcio**: marido, mulher e filhos dez anos depois. São Paulo: Saraiva, 1991.

WALLERSTEIN, Judith S.; KELLY, Joan B. **Sobrevivendo a separação**. Porto Alegre: Artmed, 1998.

WALLERSTEIN, Judith S.; LEWIS, Julia; BLAKESLEE, Sandra. **Filhos do divórcio**. Tradução de Werner Fuchs. São Paulo: Loyola, 2002.

ZULIANI, Ênio Santarelli. Guarda compartilhada e visitas: a nova perspectiva de impor sanções por violações ao direito de ter o filho em sua companhia ou de visitá-lo, como estabelecido. **Revista Lex do Direito Brasileiro**, São Paulo, v. 43, p. 143, jan./fev. 2010.

AS AUTORAS

Cris Manfro

Especialista em psicologia Clínica. Terapeuta de família e casal. Mediadora familiar. Terapeuta em EMDR. Especialista em terapia cognitivo comportamental.
Diretora do CTF - Centro de Terapia da Família na cidade de Novo Hamburgo, RS.
Docente do curso de especialização em terapia cognitivo comportamental da infância e adolescência do InTCC. Porto Alegre
Docente do curso de especialização de casal e sexualidade do InTCC. Porto Alegre.
Docente do curso de especialização em terapia cognitivo comportamental do IPTC e do curso de especialização em infância e adolescência do IPTC. Curitiba.
Membro Vitalício do International Center of Neuropsychology e Autismo Nora Cavaco. Portugal.
Articulista da Revista Expansão de Novo Hamburgo.
Colunista do Jornal NH, de Novo Hamburgo. Jornal VS, de São Leopoldo e Diário de Canoas.
Consultora de diversas empresas do Vale dos Sinos, através de dinâmicas de grupos, seminários desenvolvidos em convenções empresariais e palestras.
Palestrante de diversos seminários, cursos, debates e workshops realizados em congressos, escolas, entidades sociais e empresas.
Debatedora do Programa Ponto e Contra Ponto da rádio ABC de Novo Hamburgo.
Escritora de diversas matérias para revistas e jornais do país e exterior.
Escritora do livro: Conectados na Alma histórias de dores e amores. Ed. Artesã. Belo Horizonte. (esgotado).

Escritora do livro: Mulher do rosa bebê ao rosa choque. Qual é o seu tom. Ed. Alcance. Porto Alegre.(esgotado)
Escritora do livro: Escrito prá você. A dinâmica dos Relacionamentos. (esgotado)
Escritora do livro: Encontro e desencontros. ED. Sinopsys. 2016.
Escritora do livro ifantil: A Casa Caiu. Sinopsys. 2017.
Conferencista em todo pais e exterior.

Cristina Ternes Dieter

Mestre em Direito Público pela Universidade do Vale do Rio dos Sinos. Bacharel em Ciências Jurídicas e Sociais pela mesma universidade. Professora do curso de Direito da Universidade FEEVALE, nas disciplinas de Direito de Família e Estágio Supervisionado. Tem experiência na área de Direito, com ênfase em Direito Civil, Direito de Família, Direito Homoafetivo e Sucessões. Membro da Associação Brasileira Criança Feliz. Advogada Civilista, OAB/RS 77.306. Sócia do escritório Ternes Advogadas.

Este livro foi composto com tipografia Bembo e impresso
em papel Pólen Natural 80g. na Gráfica Formato em junho de 2023.